CW01301478

EL REPOSO DE DIOS

**Entrando al Día Perfecto
¡El Día Que No Terminó!**

MILTON ALONSO GRANADOS

authorHOUSE

AuthorHouse™
1663 Liberty Drive
Bloomington, IN 47403
www.authorhouse.com
Phone: 833-262-8899

© 2022 Milton Alonso Granados. Todos los derechos reservados.
Evangelio Eterno del Principio y Fin de los Siglos, Inc.
Correo electrónico: evangelioeterno767@gmail.com

Ninguna página de este libro puede ser fotocopiada, reproducida o
impresa por otra compañía o persona diferente a la autorizada.

Publicada por AuthorHouse 11/16/2022
Título en Inglés: The Rest of God

ISBN: 978-1-6655-7506-5 (tapa blanda)
ISBN: 978-1-6655-7507-2 (tapa dura)
ISBN: 978-1-6655-7505-8 (libro electrónico)

Número de Control de la Biblioteca del Congreso: 2022920641

Información sobre impresión disponible en la última página.

Las personas que aparecen en las imágenes de archivo proporcionadas por Getty
Images son modelos. Este tipo de imágenes se utilizan únicamente con fines ilustrativos.
Ciertas imágenes de archivo © Getty Images.

Este es un libro impreso en papel libre de ácido.

Debido a la naturaleza dinámica de Internet, cualquier dirección web o
enlace contenido en este libro puede haber cambiado desde su publicación
y puede que ya no sea válido. Las opiniones expresadas en esta obra son
exclusivamente del autor y no reflejan necesariamente las opiniones del editor
quien, por este medio, renuncia a cualquier responsabilidad sobre ellas.

Todas las escrituras bíblicas corresponden a la Biblia Reina-Valera 1960. Cualquier
otra información utilizada contiene su correspondiente fuente de origen.

Contenido

Acerca del Autor ix
Acerca del Libro xi
Dedicatoria xiii
Prefacio xv
Introducción xix

Capítulo 1. Conociendo a Dios y su lenguaje 1
- El gran vacío del hombre 1
- Cuando la tristeza y el temor no nos deja ver 4
- El temor de Job se hace realidad 6
- Diferencias entre el Salmista David y Moisés 8
- Sabiduría para heredar (todo es vuestro) 10
- El Doble Lenguaje Bíblico 18
- Verdades Absolutas y Verdades Temporales 23
- La Ley de las Apariencias o "Siete Veces Como" 26
- Las dos dimensiones 30

Capítulo 2. El plan de Dios para la felicidad del hombre 41
- El Diseño de Dios Revelado 41
- El Día Perfecto, ¡El Día Que No Terminó! 42
- La Ley de Moisés y el Día de Reposo 46
- El Séptimo año multiplicado por Siete 47
- Setenta veces Siete (Plenitud del perdón divino) ... 48
- Significado del número 70 para Israel 49

Capítulo 3. Origen del Reposo Divino 55

- El Reposo y la Paz 55
- ¿Cuál fue la causa del Día de Reposo?...........................56
- ¿En qué consistía el Día de Reposo?..............................57
- ¿Por qué Dios Reposó?...61
- Reposo, Día del poder ilimitado de Dios 62
- Reposo para la tierra, los animales, y para el hombre 65
- El Cristo Eterno pagó para que yo esté tranquilo 67

Capítulo 4. Rehusando su Reposo 73

- Un Rey que no quiso reposar 73
- Guarda y Repósate 74
- ¡No Subsistirá, ni Será! 75
- ¡Borrachos y tontos! 77
- Tiempo de Coaliciones 79
- Cinco pasos hacia la derrota 81
- Actuando fuera de sí 85
- El profeta Elías pierde su ministerio 87

Capítulo 5. Entrando a su Reposo 93

- Pareciera que algunos no han entrado............................93
- El hombre que no supo descansar 96
- Creer Primero; ¡Hacer después! 97
- El Día de Reposo es Hoy..98
- Si oyereis Hoy su voz 104
- Cristo, el Camino hacia el Reposo de Dios.....................105
- Habacuc, un hombre que conocía su Posición...............108
- Doble seguridad de Salvación. 113
- "La Ley de lo Opuesto" 120
- ¡Completos en Él! 126
- La Tropopausa 128
- Dejándonos llevar...130

Capítulo 6. Significado del número Seis 133
- El número Seis en las Escrituras 133
- Los Seis escalones al pecado 134
- Los Seis brazos del Candelero 134
- El Día Sexto, día para trabajar "dos veces" 135
- Seis, símbolo de impureza e imperfección 137
- El Año Agradable al Señor y la Hora Sexta 139
- El 666 143

Capítulo 7. El Número Siete (767) 147
- Las Civilizaciones Antiguas y el Número Siete 147
- Utilización del Número Siete en la Biblia 152
- El Libro de la Creación y sus Siete sellos 154
- El Número Siete y el Diseño de Dios 156
- La Creación Perfecta (Siete Veces Bueno) 158
- Las Siete frases que Jesús habló desde el madero 159
- Las Siete Fiestas al Señor 161
- Una Fiesta permanente 164
- Siete (ז), Símbolo de Poder, Plenitud y Perfección 165
- El Edén Profético de Elohim 171
- La Sabiduría y el Hijo Eterno de Dios 175
- 6 (ו), Número de hombre y día de Reconciliación 179
- La Consumación de los Tiempos 185
- El Séptimo ángel y el Misterio del tiempo Revelado 190
- Libres de todo mal 191
- 767, el Camino al Retorno 192

Acerca del Autor

Ministro cristiano y conferencista Bíblico, Milton ha promovido las buenas nuevas del Evangelio a través de la radio y la televisión alrededor del mundo. Actualmente, reside en Carolina del Norte, USA, donde sirve como director general del ministerio cristiano sin fines de lucro y la escuela bíblica internacional: Evangelio Eterno del Principio y Fin de los Siglos, Inc.

Acerca del Libro

El éxito de este libro radica en mover al lector hacia un camino que le lleva desde lo relativo y temporal hasta lo infinito y posicional. Una vez en esta plataforma, el creyente podrá lograr todos los beneficios contenidos en el Reposo de Dios, el Día Perfecto, o ¡Día Que No Terminó!

Este escrito describe la Bendición del Séptimo Día como el Sello de Dios, ¡Y Día de Eterna Salvación! A través del Reposo Divino, la mente del Eterno es revelada y su diseño queda al descubierto, mostrando así, el propósito trazado por su infinita sabiduría desde su eternidad.

Una vez que el lector es tomado por esta línea progresiva de cumplimiento y fe, su mente será capaz de transportarse en el tiempo, y verse a sí mismo reflejado en la imagen misma de la gloria de Dios, y la semejanza de su poder (Génesis 1:26; 2 Corintios 3:18).

En la Consumación de los Siglos, los tiempos han dejado de ser, por lo que ahora, el creyente se encuentra en capacidad de transformar no solamente su pasado y presente, ¡sino su futuro también! (1 Corintios 3:22).

No es de extrañar, que el Altísimo, haya reservado un método, con el que podamos acceder a todos los beneficios contenidos dentro de la estructura del Reposo Divino y su Evangelio Celestial.

Dentro, de esta maravillosa construcción, encontramos que el número Siete se menciona en mayor cantidad de ocasiones en el libro del Génesis y de Apocalipsis. Estampando, con esto, el Sello Perfecto del Alfa y la Omega desde el primer día y hasta la eternidad.

Dedicatoria

- ❖ A Dios por hacer que su palabra haya sido mi sustento, mi escudo y mi salvación.

- ❖ A la vida, por haberme dado todo lo que soñé desde mi niñez y aún más.

- ❖ A todas aquellas personas que con sus actitudes positivas han inspirado cada paso en mi camino.

- ❖ A los que sufren y padecen por causa de quienes estando en el poder no corrigen a tiempo sus malas decisiones.

- ❖ A mi familia que con su amor incondicional y continuo apoyo han sido una fuente inagotable de inspiración.

Prefacio

La vida del hombre se conforma por todas aquellas cosas que ha vivido a través del tiempo desde el día de su concepción. Es muy importante tener presente que al igual que las gotas de lluvia llenan un río, así nuestra vida responde de forma natural a todas aquellas cosas que se han acumulado con el tiempo en su interior.

¿Cómo poder ir hacia arriba cuándo el peso de las circunstancias pareciese llevarnos hacia abajo? ¿Acaso podríamos redireccionar el tiempo y cambiar el destino de nuestro camino? Y si pudiéramos hacerlo, ¿cómo lo haríamos?

Entre los 2 y los 4 años se desarrolla una etapa muy interesante en los niños, esa es la edad de los "por qué." En ese período los niños comienzan a conocer el mundo a través de la comunicación con el adulto, usando como herramienta el lenguaje. Su fuerte deseo de aprender los lleva a hacer muchas preguntas sobre el mismo tema repetidamente. Una vez que están satisfechos con las respuestas, ellos continúan animosamente preguntando sobre cualquier otra cosa que les llame la atención.

Fue en el año 1984 que, siendo todavía un niño en la fe, me arrodillé y dije: Señor, nunca he hecho un pacto con nadie, ni siquiera sé si debiera hacer uno o no, pero hoy quiero decirte que tengo tantas preguntas acerca de tus promesas, que la verdad no sé ni por dónde comenzar. Quizá no entiendo tu palabra o como opera tú poder, pero si tú me enseñas, ¡yo estoy dispuesto a aprender!

Aquel día, con lágrimas en mis ojos, recuerdo que por primera vez en mi vida hice un pacto que cambiaría cada uno de mis días.

El compromiso adquirido con el Eterno fue: "Yo me comprometo ante ti, que todo lo que tú me enseñes, de la misma manera yo, fielmente, lo enseñaré a cada uno de tus hijos" (Mateo 10:8).

A partir de ese día y durante más de 40 años -hasta el día de hoy- aquello que podría haberse convertido en un largo y angustioso desierto de dolor y confusión fue transformado en un paraíso de paz, en donde la bendición continua y la revelación del maravilloso Reposo de Dios nunca ha dejado de fluir (Isaías 41: 18; 43: 19,20; Jeremías 31: 13; Ezequiel 47: 1-12).

En su carta a los Romanos (2:11), el apóstol Pablo, afirma que Dios no hace acepción de personas, por lo que de seguro la gracia y el propósito que el Señor ha manifestado en mi vida, está más que disponible, para todo aquel que deposite su confianza en Él.

Miremos el poderoso y conmovedor momento de gracia, amor y fe creativa narrado por Mateo, Marcos y Lucas.

✓ *El joven lunático (Marcos 9:14-29).*

En este relato, los personajes principales son un padre, su hijo gravemente enfermo, Jesús y sus discípulos. El padre profundamente agobiado lleva a su hijo ante los discípulos para ser sanado. Según se nos deja saber, este muchacho, sufría de un estado extremo de desequilibrio mental que le hacía perder la cordura y le llevaba a la locura transitoria, razón por la que se le califica de lunático (Mateo 17: 15; Lucas 9:37-42).

El padre del joven, después de haberlo traído ante los discípulos para que le sanasen, y, al no ver ninguna mejoría, decide llevarlo directamente a Jesús.

Una vez delante de Jesús, este hombre clama desde lo profundo de su corazón, diciendo: "si puedes hacer algo, ten misericordia de nosotros, y ayúdanos" (Marcos 9:22). Ante esta petición, Jesús responde con una afirmación tan asombrosa como inesperada, y esa es: "si puedes creer, ¡al que cree todo le es posible!"

No podemos pasar por alto el grado de honestidad de este hombre, que, a pesar de creer, sentía que el peso de su sufrimiento hacía tambalear su fe. De tal manera que su respuesta a Jesús fue: "Creo, ayuda mi incredulidad" (Vs. 24).

En esta vida, todo ser humano trae consigo al menos una pequeña semilla de fe (Mateo 17:20). Una vez que esta crece, deja de ser *nuestra*, para volverse *la fe de Dios*, que opera y remueve, uno a uno los obstáculos e imposibles que impiden el equilibrio y la fluidez de una vida plena (1 Juan 5:4; Gálatas 2:16,20).

Regresando al momento, en que Jesús dice: "al que cree todo le es posible." Considero, que sería vital preguntarnos, ¿Hasta qué punto, y de qué manera podemos hacer que el mundo de los imposibles, se vuelva un mundo de oportunidades y puertas abiertas a nuestro favor?

En las páginas de este libro se encuentran verdades escritas por la mano divina desde la eternidad. Verdades que habrán de dar respuesta a muchas de las interrogantes y misterios en la vida del hombre, son ahora reveladas por gracia a través de las páginas de El Reposo de Dios, Entrando al Día Perfecto, ¡El Día Que No Terminó!

Introducción

¡Entrando al Día Perfecto!

La vida no solo está compuesta de momentos bellos y llenos de luz, sino también con situaciones extremas y determinantes. La manera en que nosotros reaccionemos ante las circunstancias que nos rodean, puede marcar la diferencia, entre el éxito y el fracaso.

La ciencia ha determinado que por la mente del hombre atraviesan cerca de 60,000 pensamientos al día, y tristemente, la gran mayoría de ellos son negativos. Por esta razón se hace de suma importancia encontrar o desarrollar una fuente de estabilidad, qué no solamente nos sostenga, sino que también nos haga crecer.

¿Quién no anhelaría que la felicidad fuera continua y que las noticias negativas nunca llegaran a nuestra vida?

Precisamente, de eso se trata el tema aquí desarrollado. El milagro de Dios está en hacer que, hasta el día más trágico, sea transformado, en uno de felicidad y bendición.

La gran mayoría de principios prácticos y espirituales escritos a través de las páginas de este libro, son capaces de revolucionar y transformar la vida del lector, de una forma efectiva y permanente.

Alcanzar el equilibrio, para no ser afectados por los sobresaltos de la vida, es el tesoro más grande que podemos encontrar.

Cuando hayas descubierto el secreto de Dios, no habrá dificultad de donde: "Entrando al Día Perfecto, ¡El Día Que No Terminó, no te pueda sacar!"

Tú vida nunca será igual; en adelante, el Sello Divino de Justicia y su Protección mantendrán tus pasos en el camino del éxito.

-MILTON A GRANADOS
Dallas, Carolina del Norte

Capítulo 1. Conociendo a Dios y su Lenguaje

- El gran vacío del hombre
- Cuando la tristeza y el temor no nos deja ver
- El temor de Job se hace realidad
- Diferencias entre el Salmista David y Moisés
- Sabiduría para heredar (todo es vuestro)
- El Doble Lenguaje Bíblico (Posición Vs. Comunión)
- Verdades Absolutas y Verdades Temporales
- La Ley de las Apariencias o "Siete Veces Como"
- Las dos dimensiones

Capítulo 1. Conociendo a Dios y su lenguaje

• El gran vacío del hombre

Abundantes son los métodos que el hombre ha sabido utilizar, en su lucha por escapar del afán y la ansiedad producida por las diferentes circunstancias de esta vida. Sin duda, que el modo en que enfrentemos las preocupaciones, y nuestra capacidad de triunfar sobre ellas, habrá de determinar la condición de nuestra salud física y emocional.

Oradores especiales, conferencistas, expertos en motivación, mensajes de positivismo y de prosperidad son solo parte del variado menú que utiliza el hombre cuando trata de escapar o al menos ignorar los males que aquejan al mundo y, por ende, a nuestra vida cotidiana. ¿Y qué decir de otras formas de distracción? La televisión, videojuegos y redes sociales son solamente una parte de las muchas opciones de entretenimiento que usamos para "desconectarnos" de aquello que muchas veces ha dejado de ser un obstáculo para volverse en una difícil y hasta muy complicada realidad.

No hace falta más que dar un vistazo rápido al mundo de hoy para darnos cuenta, que, por causa de las diferentes presiones a las que está sometido el hombre y la mujer, hemos llegado a ser una sociedad que batalla cada día por salir de la confusión y el desconsuelo.

Hoy, más que nunca han aumentado los suicidios en personas de todas las edades, pero mayormente entre jóvenes que, al no estar preparados, se ven sorprendidos ante la agresividad de las circunstancias adversas. Ellos, sin saber qué hacer y, en su incapacidad para liberarse, renuncian temprano a lo que bien podría ser una hermosa vida llena de bendiciones.

Te sorprenderían los resultados obtenidos al introducir en el buscador de Internet la frase "¿cuál es la mejor manera de morir?"

Ángel de la muerte, es el sobrenombre empleado por un joven internauta que, buscando una razón para vivir, declaraba públicamente la profunda oscuridad de su insaciable vacío interior.

Este joven decía ser maltratado física y psicológicamente a diario por sus padres alcohólicos, y por sus compañeros de escuela. Su intensa búsqueda por ser amado y aceptado siempre fue en vano; los golpes y las humillaciones, se convirtieron en su "pan de cada día" hasta que este no pudo soportar más.

Las burlas recibidas a causa de su homosexualidad, le había llevado hasta el punto de aborrecer su propia vida y negar mediante argumentos la existencia de Dios. Después de un tiempo, la salud de este joven se deterioró debido a múltiples drogas que utilizó en su intento fallido por escapar de su inmensa tristeza, y su profunda depresión.

Todo su interés, en hacer pública su intención de suicidarse, fue encontrar en algún lugar una respuesta, que le ayudara a vencer una muy difícil realidad, de la cual no podía escapar.

El Reposo de Dios

El tiempo pasó, y la luz de Ángel se extinguió, envuelta en la oscuridad de la desesperanza y el resentimiento hacia un mundo al que no pudo entender.

Después de un tiempo, el mensaje de su enlace en internet decía: este usuario borró su perfil, *o no existe.*

Así como este joven, demasiados son los que a diario toman la temprana e irreversible puerta de salida, con la idea fija en que aquello que puedan encontrar "forzosamente sería mejor que su realidad presente."

Claro está, que quien piensa de este modo ignora que la eternidad, es únicamente la continuación de nuestra existencia, en una nueva y entrelazada versión aumentada de todas aquellas cosas que hemos logrado incorporar a nuestro ser, en este espacio de tiempo.

Para obtener el triunfo permanente en esta vida, es de suma importancia entender, que la puerta de salida, y la conquista del éxito, para hacer que las cosas cambien para bien y a través de la eternidad, se encuentra en nuestra dimensión; hoy, ¡y no en el más allá!

> 1 Corintios 3. [13]…y la obra de cada uno cuál sea, el fuego la probará. [14]Si permaneciere la obra de alguno que sobreedificó, recibirá recompensa. [15]Si la obra de alguno se quemare, él sufrirá pérdida.

La ley de la causa y el efecto ha establecido que todo lo que hacemos se multiplique en este siglo y en el venidero, para ganancia y bendición, o para pérdida y destrucción. En otras palabras, el tiempo para encontrar soluciones *es hoy,* y no mañana.

• Cuando la tristeza y el temor no nos deja ver

Es fácil cantar cuando el viento sopla a nuestro favor, pero ¿cómo hacerlo cuando nos enfrentamos a todo lo opuesto?, ¿acaso se puede reír, cuando aún reír nos produce dolor? Y es que, hay momentos en la vida, en que únicamente la intervención divina nos puede devolver la esperanza y el anhelo de vivir con intensidad cada instante de nuestro recorrido.

Consideremos, por ejemplo, el impacto que tuvo la muerte de Jesús entre sus discípulos. En Lucas capítulo 24, versos 13-32, se nos enseña que dos de los discípulos de Jesús se dirigían camino a Emaús, envueltos en una enorme tristeza y un gran pesar a causa de la reciente pérdida de su maestro, el cual había sido crucificado.

Evidentemente, ellos no estaban preparados para entender o vivir una vida, sin aquel que en carne les había sido arrebatado para siempre. Es precisamente, durante este episodio de profunda tristeza que Jesús mismo (después de su resurrección) acercándose, caminaba y platicaba con dos de sus discípulos, sin que estos -al estar cegados por el dolor- fueran capaces de reconocerle.

No hay duda de que, ante ellos, sucedía un acontecimiento espiritual muy significativo. Es claro que, en ese momento, sus mentes afligidas no estaban preparadas para ver más allá de su profunda tristeza.

Irónicamente, la respuesta a su dolor y angustia estaba justo frente a sus ojos sin que estos la pudieran ver.

De aquí nace la siguiente pregunta: ¿Es lo que vemos, todo lo que hay? O quizá exista todo un universo y un mar de posibilidades que, aunque no las veamos, no dejan de estar ahí, ¡esperando que las descubramos hoy!

> ¡Cegado para ver!
> ✓ *El profeta ora por su criado para que este reciba la vista (2 Reyes 6:14-17).*

En el antiguo testamento, se nos relata sobre como el rey de Siria, estando en guerra contra Israel, rodeaba con su ejército la ciudad en que se encontraba el profeta de Dios y su siervo. El siervo, atemorizado al ver lo que estaba sucediendo, viene al profeta Eliseo quien, al escuchar su informe: "ora a Dios pidiendo que los ojos de su criado fuesen abiertos."

¿Acaso el siervo del profeta sufría problemas de la vista?, ¿Habría este contado mal el número de enemigos? ¿O quizá había algo más allá de este espacio de tiempo que la duda, y el temor, no le habían permitido ver?

La provisión y respuesta del Reino de los Cielos, aunque presente: permanecía imperceptible a la vista natural, la que, por estar limitada a la materia, no puede ver más allá de lo físico y de lo temporal.

El temor y la inseguridad son dos de las armas más destructivas que podemos enfrentar en la vida. Ignorar su poder e intentar escapar sin tener a nuestra disposición los recursos necesarios solo hará que la carga sea más pesada y el éxito más difícil de alcanzar.

En el apóstol Pablo, tenemos el caso más impactante en cuanto a la necesidad de perder la visión terrenal para ganar la celestial. El apóstol, debió primero ver cegado su mundo *por un resplandor* del Cielo, para luego poder encontrar el verdadero propósito de lo que sería su misión en la vida (Hechos 9:3-18; Romanos 1:1,5; 11:13).

• El temor de Job se hace realidad

La vida de Job es un claro ejemplo del poder destructivo que atrae todo aquello que es opuesto a la fe creativa de Dios. Su pensamiento continuo era de miedo y de temor, pues, pensaba para sí: "alguno de mis hijos podría pecar." Por esta razón, Job, ofrecía múltiples sacrificios a diario y muy de mañana. Con este ritual continuo, Job pretendía evitar que el juicio o castigo divino cayera sobre alguno de sus hijos.

La pregunta aquí sería: ¿Acaso todo este mal que Job podía percibir era creado o provocado por su propia mente y actitudes? La Biblia es clara en señalar que del fruto de sus labios o de sus confesiones el hombre comerá (Proverbios 18:20).

¿Hasta qué punto somos nosotros mismos, quienes hemos formado desde el pasado nuestro presente, y desde el presente nuestro porvenir? (Eclesiastés 3:15). En cuanto a esta gran interrogante, Job, después de haberlo perdido todo, y en plena batalla por la vida -a causa de su mala salud- afirma: "el temor que me espantaba me ha venido, y me ha acontecido lo que yo temía" (Job 3:25).

Cierto es que más del noventa por ciento de las cosas que nos preocupan nunca llegan a suceder; sin embargo, la tendencia hacia el miedo y la falta de confianza en la vida de Job produjeron consecuencias negativas para toda su familia.

Cuando en la suma de nuestro razonamiento, el resultado de las cosas pareciera ser el opuesto al que esperamos, lo primero en desestabilizarse será nuestro estado emocional; seguidamente, nuestro cuerpo sentirá las consecuencias. Es un hecho comprobado, que la falta de salud, el dolor y el sufrimiento reducen nuestro mundo a una estrecha y limitada prisión mental y social.

Cuando las soluciones desaparecen y la soledad invade, el hombre se ve obligado a elegir entre analgésicos medicados o el uso de drogas, que por ser algunas de ellas tan fuertes, son dañinas e incluso ilegales.

En este momento, la lucha por la salud y la vida debe estar efectivamente encaminada a romper este círculo repetitivo que, sin invitación, ha venido con la intención de quedarse y reducir nuestra libertad.

El apóstol Pablo, explica que debemos de ser consientes y entender que la batalla por la vida comienza primero en nuestra mente. Es así, como una emoción, produce un pensamiento, y un pensamiento unido a otro pensamiento, forma un argumento. De igual manera, un argumento unido a otro argumento produce una altivez, y finalmente una fortaleza.

Esta fortaleza, estando bien posicionada sobre pensamientos positivos y de fe, determinará la efectividad en nuestros logros y el grado de éxito en nuestra vida (2 Corintios 10: 4,5).

Sin duda, que todo este maravilloso poder creativo puede funcionar tanto para construir como para destruir, razón por la que nuestra labor de siembra debe ser aceptable de manera que siempre podamos cosechar los mejores resultados (Filipenses 4:8; Hebreos 5:13,14; Marcos 4:20).

• Diferencias entre el Salmista David y Moisés

Es muy importante, notar como en la Biblia, se nos muestran muchos ejemplos de hombres y mujeres de Dios que supieron revertir las circunstancias adversas, y hacerlas trabajar a su favor. Un estupendo ejemplo de ello lo encontramos en el salmista David.

Fue en la adversidad del desierto que David encontró la inspiración y la clave que le llevó a una vida que se caracterizó por la continua superación y victoria.

Fue también en el desierto que David escribió la gran mayoría de Salmos, con los que expresaba, su profunda gratitud por su Señor. El silencio de la quietud y la soledad del desierto fueron testigos de la formación de este hombre a la hora de cumplir con el llamado a inspirar y dirigir a toda una nación.

¿Acaso podríamos nosotros también transformar aquello que pareciera ser nuestra mayor debilidad, en el fundamento de nuestra fortaleza?

Para ello, es necesario recordar que el futuro se forma cuando, arraigados a nuestras metas; actuamos firmemente según lo que creemos. Y no según la inconsistencia y la variabilidad de lo que temporalmente vemos o sentimos.

Moisés, al igual que David, debió enfrentar las duras condiciones del desierto, sin embargo, cabe notar que Moisés vivió su proceso hacia el liderazgo de una manera completamente diferente.

David vivió su juventud como fugitivo, huyendo y durmiendo en cuevas. Moisés, por su lado, al ser adoptado por la hija del Faraón, vivió gran parte de su vida como príncipe, disfrutando cada día de la seguridad y confort del palacio y el poder de ser considerado parte de la familia real.

Aquella vida de tranquilidad y comodidad que tenía este hombre (poderoso en sus palabras y educado en toda la sabiduría de los egipcios) habría de dar un giro total. En adelante, este príncipe tendría que dejar toda la seguridad y confianza propia de una vida autosuficiente, para depender plenamente del auxilio y socorro que viene de lo alto.

Según se lee en el libro de los Hechos, capítulo 7, versos 22 al 25, la seguridad de Moisés radicaba en el poder y confianza que da la sabiduría y el fundamento de una buena educación.

La capacidad, el conocimiento y autoridad en la que fue formado Moisés fue tal que, en su convencimiento, "él pensaba que sus hermanos comprendían que Dios les daría libertad *por mano suya*."

Moisés fue un hombre de muchos recursos; sin embargo, el haber llevado una vida de comodidad, y su excelente formación en la sabiduría egipcia, sería en última instancia su gran debilidad. El grado de *autoconfianza* que Moisés tenía, fue lo que eventualmente le impidió lograr la tan anhelada recompensa de entrar a la tierra prometida y alcanzar así un triunfo mayor (Hechos 7:22-25; Deuteronomio 34:1-5).

En el caso de David, podemos notar claramente, que el proceso desventajoso que vivió en el desierto fue de gran provecho a la hora de adquirir madurez y preparación hacia lo que estaba porvenir. Caso contrario, el conocimiento y formación de Moisés como líder y príncipe educado en la sabiduría y el poder egipcio fue la causa que le impidió desarrollar tempranamente toda su capacidad espiritual.

• Sabiduría para heredar (todo es vuestro)

La sabiduría de Dios es por muchos procurada, pero por muy pocos encontrada. A lo largo de los siglos, la sabiduría ha demostrado ser la herencia más importante en la vida del hombre y de su descendencia.

> Job 28. [18]…La sabiduría es mejor que las piedras preciosas.

¿Podría haber una mejor y más provechosa posesión que esta? Una que no depende del comportamiento de los mercados o de la economía, sino aquella que es capaz de triunfar y llevarnos a la completa bendición en esta vida, y en la del más allá.

¿Cómo encontrar la sabiduría?, ¿cómo ser poseedor de ella? El que obtiene la sabiduría bien puede haberlo ganado todo. Con ella, podemos cambiar el curso de nuestros pasos e incluso transformar el de las generaciones futuras (1 Corintios 3:21,22; 2 Pedro 1:3).

Por increíble que parezca, la riqueza por sí sola no es suficiente en comparación con las ganancias de aquellos que han encontrado ¡la belleza del equilibrio y la perfección a través de la sabiduría de Dios! (Efesios 1:8; Colosenses 2:2; Filipenses 3:8; 1 Pedro 5:1).

El Reposo de Dios

La Biblia enseña que a Salomón se le concedió la gracia de la sabiduría y, con ella, muchas riquezas también (1 Reyes 3:7-12; 4:29,30). De igual manera, el Señor bendijo a Abraham y este fue un hombre muy próspero en todas las áreas de su vida (Génesis 13:2).

Tan importante fue la abundancia en el tiempo de Abraham como en los tiempos apostólicos ¡y más que nunca hoy! No es de extrañar que la frase "todas las cosas" aparece escrita cien veces en el Nuevo Testamento.

El apóstol Pablo no cesaba de dar gracias a Dios y en sus oraciones pedía para que los creyentes fueran llenos de conocimiento, de sabiduría y revelación.

Una vez los ojos del entendimiento fuesen alumbrados, el creyente, debería ser capaz de comprender el alcance de las riquezas, y la gloria de la herencia recibida, a través de la consumación de la obra de Cristo (Efesios 1: 15-18).

✓ *Porque "todo es vuestro"*

También, el apóstol Pablo, utilizando el poderoso lenguaje de fe posicional o promesa consumada, enseña que los creyentes, por ser herederos en Cristo, ahora deben considerar, que todas las cosas pertenecientes a la vida "ya les han sido entregadas."

> 1 Corintios 3. [21]…porque todo es vuestro, …sea lo presente, sea lo porvenir, todo es vuestro, y vosotros de Cristo, y Cristo de Dios.

Alrededor del año 1984, escuché una anécdota que contaba la historia de un joven que trabajó por muchos años, con tal de ahorrar suficiente, para poder pagar su pasaje y cumplir su sueño de poder emigrar y alcanzar para sí un mejor porvenir.

Por fin llegó el día de abordar, todo era alegría y celebración. Pasado algún tiempo, después de haber zarpado la embarcación, el muchacho escuchaba entusiasmado la música y el ambiente festivo, sin embargo, siendo este consciente de sus limitaciones económicas, prefería permanecer mayormente en su cabina.

Pasados algunos días, y al no poder aguantar más el hambre, decidió salir a comer todo cuanto pudo, después de lo cual regresó muy arrepentido a su habitación.

Al día siguiente alguien tocó a la puerta, pero el joven asustado pensando que le iban a cobrar todo lo que había consumido la noche anterior, y después de pensarlo por un momento, prefirió no abrir. Durante el resto del día solamente había un pensamiento en su mente, y este era, ¿y ahora: cómo voy a pagar?

Nuevamente, el próximo día tocaron a la puerta y este temerosamente la abrió. Para su sorpresa, el mismo capitán de la embarcación estaba frente a él queriendo saber cuál era su estado de salud y preguntando la razón por la que prácticamente no se le había visto fuera de su cabina.

Ante esto, el joven explicó que las limitaciones económicas habían sido la causa de su aislamiento. Además, se disculpó y ofreció trabajar por la comida y bebida que había consumido anteriormente. El capitán, mirándolo sorprendido y con un gesto amable, le explicó que con el pago de su tiquete "ya todo estaba incluido."

Claro es que para aquel entonces el concepto de "todo incluido" era bastante novedoso, por lo que muchas personas todavía no estaban familiarizadas con esta práctica.

Resumiendo, este joven pudo haber disfrutado de todos los beneficios desde el primer momento, puesto que ya todos los gastos estaban pagos desde el principio: ¡pero él no lo sabía!, y la omisión de este pequeño, pero importante detalle le hizo pasar por días que pudieron haber sido muchísimo mejor.

Todos en la vida nacemos con sueños y aspiraciones, y quizá lo más relevante, es tener la actitud y la constancia para reconstruir nuevos caminos y aprender aún de nuestros propios desaciertos.

Muchos de estos errores involuntarios, se originan a la hora de tener que tomar decisiones. Especialmente, cuando no contamos con toda la información necesaria para hacer la mejor elección, ¡algo así me tocó vivir cuando viajé por primera vez a Norte América!

De niño viví en una región rural muy pobre de la zona Atlántica de Costa Rica. A pesar de esto, ya para el año 1995, contaba con alguna experiencia misionera en Centroamérica.

En el año 1998, tuve la oportunidad de hacer una gira por los Estados Unidos de Norte América. Tras haber estado más de un mes en la preciosa isla de Puerto Rico, mi próxima parada fue el estado de New Jersey, en donde estaría compartiendo, "un mensaje de reposo y de restauración."

En una hermosa noche de domingo y tras haber finalizado una exitosa conferencia, fui invitado a cenar en un sitio exclusivo del estado de New York.

Una vez ahí, no podía dejar de pensar en mi barrio y el gran cambio que estaba viviendo, ¿cómo no comparar las pequeñas casitas de madera y las carreteras polvorientas con los edificios altos y las grandes autopistas? Todo aquello que estaba viviendo era simplemente algo que por muchos años sabía que sucedería, pero que ahora "el sueño se estaba haciendo realidad."

Al fin llegamos al sitio de la cena; cuando entré a este lugar fue difícil disimular la impresión visual que me causó. Fuera por la sencillez, por la inexperiencia o por timidez, no solo sentía como que caminaba en el aire, sino que era como si hubiera entrado "a una cena celestial" (Apocalipsis 19:7,8). La comida abundaba, los utensilios y la cristalería brillaban, la iluminación era perfecta, todo estaba impecable y en absoluto orden y exquisitez.

Tal fue la impresión que dicho lugar tuvo, que pensé para mí mismo: ¡Qué pena para con quien deba pagar la cuenta!, "este lugar debe de ser extremadamente caro, voy a comer lo menos posible."

¿Cómo poder olvidar?, ¡me moría de hambre aquella noche! Sin embargo, cada vez que me decían: pida lo que quiera, o ¿se le ofrece algo más? Yo respondía tímidamente: No, estoy bien, muchas gracias.

Los años han pasado, pero la memoria de esta experiencia (aunque hasta chistosa pareciera) me ha servido para tener presente lo desventajoso que puede ser para el creyente, ignorar los recursos provistos por la sabiduría de Dios desde la eternidad para nuestro bien.

> Oseas 4. ⁶Mi pueblo fue destruido, porque le faltó conocimiento.

Aquella noche me había sucedido prácticamente lo mismo que al joven de la embarcación; puesto que todo ya había sido previamente cancelado, la variedad y cantidad de alimento no habría cambiado en nada, el precio anteriormente pagado.

Es importante notar que además del apóstol Pablo -y su doble "todo es vuestro"- (1 Corintios 3: 21-23). También el apóstol Pedro se declara partícipe de una fe que le hacía poseer en el presente, "lo que en el tiempo aún estaría por venir" (1 Pedro 5:1).

A pesar de que aquella gloria no había sido revelada (al menos no plenamente), ya Pedro estaba siendo partícipe de ella; de aquí la relevancia que tiene apropiarnos del conocimiento y la sabiduría que nos facilite recibir "todas las cosas que, desde el Día Perfecto han sido preparadas para cada uno de sus hijos" (Efesios 1:3; 2:10).

Utilizando este mismo lenguaje de posicionamiento y de fe, el apóstol Pedro afirma que: "todas las cosas que pertenecen a la vida," ¡ya nos han sido dadas! Según él, esta condición de abundancia y riqueza se adquiere a través del poder y el conocimiento de Aquel, quién en su gloria y excelencia nos ha hecho un llamamiento para heredar preciosas y grandísimas promesas (2 Pedro 1:3,4).

Lo interesante aquí, es darnos cuenta, que en ambos textos se emplea la palabra griega *epignosis* que significa *conocimiento exacto*; dándonos a entender que conocer exactamente que es nuestro y que se nos ha dado, viene a ser la llave que estimula el entendimiento que nos abre la puerta, por medio de la cual recibimos todo aquello que, desde la eternidad, ha sido provisto para nuestra victoria.

Tan importante es el *epignosis* o "conocimiento exacto" que Jesús mismo dijo: esta es la vida eterna, que te *conozcan* a ti, el único Dios verdadero, y a su hijo Jesucristo a quien tú has enviado (Juan 17:3).

Sin lugar a duda, la comprensión y aplicación de la gracia creativa de Dios en nuestras vidas, no dependerá de la cantidad de información que a lo largo del tiempo hayamos acumulado.

Podemos bien estar rodeados de sabiduría y todavía no entenderla, el entendimiento de ella no dependerá de nuestra capacidad intelectual. El revelarla o entregarla es un privilegio que Dios concede a quienes buscan conocer las riquezas de lo posicional y eterno, y no tan solamente la vanidad pasajera de aquello que es temporal.

En su carta a los Romanos, el apóstol Pablo declara que la plenitud de vida o vida eterna es para aquellos, que, fijando sus ojos más allá de lo pasajero, buscan gloria, honra e inmortalidad (Romanos 2:7).

Solo aquel, que es guiado por la fe de Dios manifestada en el Hijo heredero o postrer Adán, será capaz de adentrarse en la eternidad del Reino Invisible; la dimensión que, en nuestro espacio de tiempo, solo podemos encontrar y experimentar a través de la fe del hijo de Dios (2 Corintios 3:18; Gálatas 1:16; 1 Corintios 1:24; 2 Corintios 5:7; Hebreos 11:1, 3, 27).

El Reposo de Dios

Escrituralmente hablando, no podemos negar que Dios ha dispuesto un lugar especial, en el que ha depositado todo aquello que ha sido destinado, para los que aman las riquezas de su gloria y su verdad.

El Eterno en su sabiduría ha preparado un camino de bien, provisto de todo lo necesario; y dependerá de aquel que buscándolo con diligencia pueda encontrarlo.

Todo aquel que sea capaz de remover la cortina que limita lo temporal y logre entrar en su Día Bendito, se dará cuenta de que Dios: "ya había preparado, de antemano, toda clase de obras buenas, para que nosotros un día camináramos en conexión con cada una de ellas" (Efesios 2:9,10; Efesios 1:3).

Según podemos notar, es de suma importancia para el creyente ser capaz de apropiarse de todos aquellos recursos provistos para cada uno de sus hijos. Para esto, es necesario abandonar la edad propia de la niñez espiritual y ejercitar los sentidos de tal manera que la medida plena de Cristo y su Día Perfecto sea manifiesto a nuestro favor (1 Corintios 5:8; Gálatas 1:4; Efesios 4:14 Hebreos 5:13).

En definitiva, es solo hasta que aprendemos a utilizar cada uno de los códigos eternos o llaves de fe, que seremos capaces de irrumpir en la dimensión en dónde nuestros anhelos se hacen realidad, la dimensión del *presente continuo* del Hoy Eterno de Dios o ¡Día Que No Terminó!

• El Doble Lenguaje Bíblico

✓ *Posición Vs. Comunión*

En el lenguaje de fe o lenguaje posicional, Dios llama las cosas que no son o no se ven como si fueran. Y esto, porque, aunque en nuestro espacio de tiempo, no las vemos; en su *lenguaje eterno,* "ya son."

> Romanos 4. [17]como está escrito: ...Dios, ...llama las cosas que no son, como si fuesen.

Según el apóstol Pablo, todo lo visible esta sujeto al tiempo y al cambio, pero lo que no se ve es eterno y, por lo tanto, posicionalmente inalterable e inmovible (2 Corintios 4:18).

En la Biblia, usualmente encontramos una verdad explicada a través de diferentes formas literarias y niveles de profundidad. Esto sucede con el propósito de educar tanto al estudiante nuevo, como al que ya no lo es.

El escritor a los hebreos se refiere a la Palabra de Dios como a una espada que teniendo "dos filos" es útil para instruir al hombre según sea su estado de desarrollo espiritual (Hebreos 4:12; 2 Timoteo 3:16).

Existe el lenguaje posicional, que es eterno, y uno de relación o complementario, que, por pertenecer al tiempo, apunta hacia nuestra diaria comunión.

En este lenguaje relativo al tiempo, el hombre se ejercita en perfeccionar y manifestar, aquello que, en la fe, ya le ha sido dado.

Por otra parte, el lenguaje posicional consumado descansa sobre el fundamento de los designios o misterios de Dios cumplidos y revelados a través del lenguaje de la fe.

En este lenguaje espiritual, la voluntad del Padre se toma como un hecho consumado. Así, el creyente, "al hablar como Dios habla," tambien llama las cosas que no son o no se ven, como si ya fueran (Romanos 4:7).

Algunos ejemplos de este doble lenguaje y su utilización lo encontramos en los siguientes pasajes.

En Hebreos (2:8) hablando del hijo de Dios y su gloria se nos dice: Todo lo sujetaste bajo sus pies; seguidamente, en el verso 9, el escritor clarifica; "pero todavía no vemos que todas las cosas le sean sujetas."

En este caso, el escritor ha optado por poner una verdad posicional y eterna unida a lo que sería una verdad relativa y temporal.

Otro ejemplo de esta forma complementaria de Doble Lenguaje Escritural, lo encontramos en el pasaje en que el apóstol Pablo se dirige en su primera carta a los Corintios (1:2), y les declara como ya "santificados en Cristo Jesús."

Acto seguido, el apóstol les complementa esta verdad posicional y eterna, con una frase basada en el lenguaje de la comunión cotidiana, declarandoles "llamados a ser santos."

Al declarar estas verdades, el apóstol Pablo no solo enseña a los Corintios acerca de su *relación posicional permanente*, sino también sobre la *comunión práctica en su diario vivir*.

Esto significa que, como creyente, puedo verme santificado y afirmar que, en mi relación, he tomado posesión consciente de una promesa de fe consumada; y en ella, "yo me veo limpio y perfecto" (Hebreos 10:14; 1 Corintios 1:30; 2 Corintios 3:18; 5:21; Juan 15:3).

Por otro lado: Yo también podría señalar que en mi comunión diaria con Dios y para con mis semejantes, he sido llamado a mantenerme activamente trabajando basado en una vida de continua mejora y superación (1 Corintios 15:1,2; Filipenses 1:6).

- ✓ *Perfecto e imperfecto*
- ➢ *Filipenses 3:12,15.*

En su carta a los Filipenses, el apóstol Pablo utiliza hábilmente este doble lenguaje o lenguaje complementario, y en él se declara a la vez: "tanto perfecto, como imperfecto."

Hablándoles en lenguaje temporal, y desde su humanidad, el apóstol confiesa que todavía no ha alcanzado la meta, ni tampoco se considera así mismo completo o perfecto.

Inmediatamente después de esta declaración, Pablo vuelve a utilizar *"un lenguaje de espada de doble filo"* (Hebreos 4:12). Él dice: "quiero alcanzar aquello para lo cual ya fui alcanzado."

Aquí sucede algo interesante, en su humanidad, el apóstol siente el deseo de *alcanzar* y corresponder en amor a Aquel *"por quién él ya ha sido alcanzado."*

La gran verdad es que puedes vivir toda tu vida alcanzando algo que ya tienes o dejarte llevar por la Palabra Consumada de Dios y, a través de la fe, recibir sus promesas.

Recordemos que inicialmente el apóstol confiesa "no ser perfecto," (Vs.12). Sin embargo, en el verso 15, afirma con toda autoridad: "Así que, todos los que somos perfectos, esto mismo sintamos; y si otra cosa sentís, esto también os lo revelará Dios."

A aquellos que, dudando, no acababan de encontrar la perfección a través de la fe, el apóstol les dice con toda firmeza: Y si alguna inquietud o duda en cuanto a este tema sienten tener. "Esta misma Palabra de Perfección os revelará Dios."

El lenguaje complementario, es el lenguaje de movimiento o lenguaje de la vida diaria. El lenguaje posicional, o eterno, es el lenguaje de la herencia consumada. Ambas verdades están ahí para guiar, mantener el camino y hacer que la transición de la Salvación sea lo más fluida posible.

No olvidemos que Salvación significa: *liberación de todo tipo de mal,* por tanto, esta verdad es aplicable a los resultados que obtengamos en esta vida y la vida porvenir.

El doble lenguaje, o lenguaje complementario, no es otra cosa más que la forma en que el apóstol hábilmente utiliza una semántica que comprende "dos tiempos o siglos" dentro de una misma dimensión (Romanos 6:19; 1 Corintios 3:1-3; 2:6; Romanos 12:2).

Con esta medida espiritual, Pablo muestra sabiamente la conexión entre todas las cosas y la ley de justicia y vida establecida desde la eternidad (1 Corintios 9:19-22; Efesios 4:11-13; Lucas 6:31; Romanos 8:2; Filipenses 2:3).

De manera que, quién viera al apóstol en su humanidad, de seguro encontraría imperfección (Gálatas 2:17); pero aquel que le juzgara, según "la Palabra Posicional," de seguro le encontraría limpio, completo, y revestido de justicia y perfección (Juan 15:3; 2 Corintios 5:21; Colosenses 2:10; Gálatas 3:27).

Esta es la razón, por la que el apóstol, queriendo enseñar el nuevo lenguaje de fe, afirma en su segunda carta a los Corintios (5:16): "De manera que nosotros de aquí en adelante a nadie conocemos según la carne; y aun si a Cristo conocimos según la carne, ya no lo conocemos así."

Sin duda que, un nuevo conocimiento de renovación y de fe había llegado. Y de la misma manera en que el apóstol instruye a los Corintios, también lo hace con los Colosenses (1:28) …y enseñando a todo hombre en toda sabiduría, a fin de presentar perfecto en Cristo Jesús a todo hombre.

El objetivo apostolico, al enseñar la Sabiduría Divina y su Palabra Posicional Consumada, es liberar al hombre de su estado temporal de imperfección y presentarlo completo delante de Dios.

Según podemos ver, el apóstol Pablo no tiene problema alguno a la hora de hablar este Doble Lenguaje Complementario. Para esto él utiliza; tanto la Palabra de Comunión Práctica (basada en el tiempo), como la Palabra Posicional basada en un Lenguaje de Fe o Promesa Consumada.

El Evangelio de Cristo y su Lenguaje Eterno está destinado a iluminar la conciencia del hombre en su ejercicio de la fe y su entendimiento espiritual.

Este es un lenguaje que, como espada de doble filo, ha sido preparado para ofrecer guía y protección tanto al creyente que va de camino, como aquel que por la fe ya ha alcanzado la perfección (1 Corintios 10:11; Efesios 4:13; Hebreos 10: 14; Colosenses 1:28).

Por un lado, el Evangelio posicionará espiritualmente al creyente sobre el fundamento de las verdades eternas. Por el otro, su lenguaje temporal o complementario le guardará de los tropiezos propios de aquellas cosas, que son pertenecientes al tiempo, y que están sujetas a lo material y pasajero. O sea, siempre que dos verdades bíblicas parecieran contradecirse entre sí, no hacen más que llevarnos a alcanzar un punto de balance intermedio.

Una verdad tendrá la intención de protegernos hacia un lado y la otra verdad hacia el otro, de tal manera que podamos guardarnos en plenitud de sabiduría y equilibrio.

Es muy posible que si nos aislamos a un solo lado no alcancemos nuestro máximo potencial. De manera que, figurativamente hablando, sería como conducir una bicicleta utilizando únicamente un pedal o correr solamente con un pie. Ciertamente, avanzaríamos, pero empleando todos los recursos podríamos hacerlo mucho mejor.

El dominio de este lenguaje será una herramienta útil para todos aquellos que aman la verdad y la reciben de todo corazón.

• Verdades Absolutas y Verdades Temporales

✓ *En esta vida nos enfrentamos con dos tipos de verdades*
1. Las verdades relativas o temporales.
2. Las verdades absolutas o posicionales, estas son verdades que por haber salido de Dios y no estar sujetas al tiempo nunca cambiarán.

Una verdad relativa en el tiempo indica que como ser humano algunas veces experimento lucha y tribulación. Una verdad absoluta escrita en la eternidad decreta que la victoria me ha sido dada en Cristo y que todas las cosas obrarán para bien por medio de la fe (1 Juan 5:4; Romanos 8:28).

Una verdad relativa o paralela muestra que puedo estar atravesando por algún tipo de necesidad física o económica. Una verdad absoluta y posicionada en la fe establece que Dios me ha declarado en salud. Además, Él suple todas mis necesidades conforme sus riquezas en gloria, y he sido bendecido con toda clase de bendición (Filipenses 4:19; Efesios 1:3).

Según la carta escrita a los Hebreos, todo lo que vemos proviene de lo que no se ve. De manera que nuestra realidad en esta línea de tiempo proviene de una realidad mucho más alta y superior.

Por esta razón, lo primero que debemos entender es el lenguaje absoluto de Dios y su dimensión de fe (Hebreos 11:3, 6; 6:13-18; Números 23:19).

En segundo lugar, todo lo que se ve en el tiempo (por ser cambiante y pasajero), no limita el poder y la autoridad del lenguaje posicional de Dios.

Una vez que nos hayamos familiarizado con el lenguaje de fe, el siguiente paso será "aprender a ver cómo Dios ve." La Biblia declara que el Señor "no ve lo que está delante de sus ojos" (1 Samuel 16:7). O, dicho en otras palabras, "Dios ve más allá del tiempo y su visión no está limitada por lo relativo y temporal."

Para ver cómo el Altísimo ve, primeramente, el creyente se ejercita en la práctica y la confesión de la Palabra Posicional de Fe.

El Reposo de Dios

Cuando la Palabra Consumada cobra vida, renovando la mente del creyente, este habrá obtenido la visión que viene de "los ojos de Dios." Y, con ella, la mente del Padre y su lenguaje profético de cielo y tierra nuevos (Hebreos 4:12; Proverbios 18:21; Juan 6:63; 2 Corintios 3:6; 5:17).

¡A través de este lenguaje de realización, el hombre salta desde la desesperación y la incertidumbre hasta la celebración y el cumplimiento de la vida y la herencia! (Romanos 8:17; Efesios 1:3).

Cuando hayamos aprendido a pensar y ver con la mente y los ojos del Eterno, ese será el día en que habremos entrado en su Reposo (Efesios 5:1; 2 Corintios 4:18; Romanos 4:17; 1 Corintios 2:16).

Con la luz del nuevo amanecer, el reino del miedo y la oscuridad enraizado en lo temporal y transitorio "finalmente habrá dejado de ser" (Romanos 5:17; Efesios 1:22).

En el Día Bendito, todo lo relacionado al tiempo se ajusta al designio divino, el cual, en su pre-ordenamiento, "ha establecido que todas las cosas obren a nuestro favor."

El lenguaje divino, y sus verdades eternas, me muestran que lo que yo no veo no quiere decir que no exista.

Cuando sé que todo lo bueno que he esperado es real y que, aunque no lo vea, me ha sido dado. ¡Entonces lo temporal desaparece y lo infinito se establece! (Filemón 1:6; 1 Corintios 3:21,22).

Por ejemplo, en los primeros versículos de Génesis, ¡observa que Dios no está creando sino reorganizando!

✓ Génesis 1.³Y dijo Dios: Sea la luz; y la luz fue.

> En la Biblia anotada por Scofield leemos: Ni en este pasaje, ni en los versículos 14-18, se implica un acto de creación original. El término que aquí se emplea es diferente. Su significado es "hacer aparecer," "hacer visible." Por supuesto, la luz vino del sol, pero el vapor la difundió. Después el sol apareció en un cielo sin nubes.

¡Quizá no veas la solución ahora! Pero ahí está, y el Dios que no miente y que honra a los que le honran, en cualquier momento dirá, "déjese ver" y la luz brillará, y las tinieblas que la han obstaculizado huirán.

• La Ley de las Apariencias o "Siete Veces Como"

➤ *2 Corintios 6:1-10.*

En el capítulo seis de su segunda carta a los Corintios, el apóstol Pablo hace una fuerte exhortación, para que estos aprovechen al máximo los beneficios de la Salvación, y de la gracia de Dios. El sufrimiento no debería de ser una excusa para no vivir una vida de éxito y plenitud.

En su razonamiento, el apóstol pone su vida ministerial como ejemplo y para ello enumera padecimientos tales como: tribulaciones, necesidades, angustias, azotes, cárceles, tumultos, trabajos, desvelos y ayunos (Vs. 4,5).

Las circunstancias adversas por las que atravesaba el apóstol eran realidades indiscutibles, sin embargo, para su mente disciplinada: el castigo, la tristeza y la pobreza (entre muchos otros sufrimientos, eran solo "un como" o una apariencia circunstancial y pasajera, y no una verdad permanente o posicional.

Todo lo que sucedía en la vida del apóstol Pablo habría sido suficiente para que cualquier persona decayera en su fe, a pesar de esto, este hombre de Dios escogió poner su confianza y su gozo en lo eterno y no en lo temporal.

A partir del verso 8 al 10 de 2 de Corintios 6, *Pablo repite la palabra como, "en Siete ocasiones."*

Por cada una de estas "Siete verdades relativas o pasajeras" el apóstol tiene una confesión firme y bien posicionada en la fe.

Cada una de estas declaraciones, son un testimonio vivo, de una mente que permanece en la quietud y el dominio que proviene del gran Reposo de Dios.

1. Como engañadores, pero veraces.
2. Como desconocidos, pero bien conocidos.
3. Como moribundos, mas he aquí vivimos.
4. Como castigados, mas no muertos.
5. Como entristecidos, mas siempre gozosos.
6. Como pobres, mas enriqueciendo a muchos.
7. Como no teniendo nada, más poseyéndolo todo. (2 Corintios 6:8–10)

Todos los "como" que el apóstol utiliza aquí *expresan un estado aparente* de persecución, tristeza, angustia y pobreza. Sin embargo, la verdad absoluta y posicional de fe que el apóstol estaba viviendo en su vida espiritual era muy diferente.

En la vida de Pablo no había espacio para los lamentos, la derrota o el fracaso, porque su mirada no estaba fija en lo temporal; sino en la eternidad de Aquel que nos ha declarado por siempre bendecidos y en victoria (Efesios 1:3; 1 Juan 5:4; Romanos 8:28-39).

Lo que este hombre de Dios dice en su escrito y con su ejemplo es: Lo que ustedes logran ver, *"solamente parece ser"* pero la verdad de Dios en mí, en la que creo, es que me encuentro gozoso, en victoria y teniendo tanto como para bendecir a otros.

En estos "Siete como, o Siete declaraciones apostólicas" encontramos la luz que nos muestra la diferencia entre una verdad relativa y temporal y una verdad que es eterna y espiritual.

Una verdad sujeta al tiempo, por ser pasajera cambia, por lo que, en algún momento "dejará de ser." Pero una *verdad eterna*, por haber salido de Dios y por ser posicional y consumada, permanece para siempre. La que es relativa alimenta el miedo: la que es permanente, por ser inconmovible ¡da confianza y seguridad!

La "ley del como, o ley de la apariencia," expresa una gran verdad que podría transformar la manera en que percibimos las cosas. Y lo que quizá sería más importante, nos enseña cual debería ser nuestra actitud ante las circunstancias adversas de la vida.

El apóstol Pablo fue uno de los que, cuando mereció volver la mirada a las tribulaciones, fue sólo para recordar que el sufrimiento y el dolor son pasajeros y transitorios. Por esta razón, el creyente debe enfocarse en el cada vez más excelente

El Reposo de Dios

y eterno peso de gloria y así neutralizar el tiempo de angustia y dolor.

Según la ley de la compensación o siembra y cosecha, cada uno de estos difíciles momentos, son una perla más que se agrega a nuestra recompensa, o dicho en palabras apostólicas: "Porque esta leve tribulación momentánea produce en nosotros un cada vez más excelente y eterno peso de gloria" (2 Corintios 4:8,9,17).

Pablo, al igual que Jesús, fue un fiel creyente de la ley del equilibrio y la justicia divina, para él todo aquel que haya de padecer por causa del Reino de Dios, ha de ser justamente recompensado (Mateo 10:42; Marcos 10:29,30), razón por la que sabiamente escogió fundamentar su gozo en lo eterno y no en lo temporal.

Este hombre de Dios muestra que una de las claves más importantes para el éxito de su ministerio fue la paz y el descanso que reciben quienes confían en el poder de Dios y su palabra de protección (1 Tesalonicenses 5:16; Hebreos 4:1,2).

Tenemos provecho, o beneficio, de la Palabra Divina, solo cuando la recibimos creyéndola con fe, haciendo cumplir en nuestras vidas el Salmo (37:4) que nos aconseja: "deléitate asimismo en el Señor, y él te concederá las peticiones de tu corazón."

El apóstol Pablo declara a los Corintios una maravillosa medida de fe, o regla espiritual: (porque por fe andamos, *no por vista); no mirando nosotros las cosas que se ven,* sino las que no se ven; *pues las cosas que se ven son temporales,* pero las que no se ven son eternas (2 Corintios 5:7; 4:18).

Para que el creyente viva una vida de triunfo permanente ante la adversidad, este primero deberá responder positivamente a la Palabra de Fe y la Consumación de la Herencia Adquirida. Ver lo que no se ve, nos hace experimentar aquí y ahora todos los recursos provistos por Dios desde la eternidad.

Pablo y Silas dan un claro ejemplo, de lo que una mente que no está sujeta a los sentidos naturales puede llegar a experimentar (Hechos 16:23-26).

Lo que para nosotros sería una realidad innegable de dolor; para ellos, era solamente una apariencia, y esto se debía, a que su mirada estaba fijamente anclada en la dimensión del reino eterno y posicional (Efesios 1:15-23; Colosenses 3:1-3).

¡De seguro, que la paz y la confianza que proviene del Reposo Divino afectaba sus sentidos naturales a tal grado que su experiencia se relacionaba con la seguridad del Día Que No Terminó y no con lo pasajero y relativo de lo temporal!

• Las dos dimensiones

Existen momentos en nuestra vida en los que desearíamos ser capaces de alcanzar metas, conquistar montañas, lograr cosas extraordinarias, y ser el orgullo de nuestros seres amados, y hasta de nuestro país.

Existen también aquellos momentos, en los que, abrumados por los afanes de esta vida, deseamos poder desconectarnos de nuestras realidades, y desaparecer -aunque sea por un corto tiempo- de la faz de esta tierra.

El Reposo de Dios

Lo interesante sobre esto, es que Dios, y *su lenguaje posicional consumado*, hace que todas las cosas buenas que anhelamos (sin importar cuán difícil e imposible parecieran ser) se hagan realidad.

Imagínese, que tuviéramos a nuestra disposición, un cambia ropas mágico; uno en donde usted pudiera quitarse el traje de cansancio, frustración y todo aquello que le es incómodo y no le hace verse y sentirse bien. En este lugar especial, lleno de la fe creativa de Dios y su Palabra Posicional y Consumada, usted podrá vestirse de positivismo y ser la persona exitosa que siempre ha querido ser.

Ya desde la antigüedad, el Salmista David había mencionado el sitio secreto de Dios, una zona especial en donde podía refugiarse hasta que el día malo hubiese pasado.

Un lugar para fortalecerse, aprender y dar un paso triunfal ante todo lo que se le oponía (Salmo 27: 3-6; Colosenses 3:2).

Esta es la maravillosa habitación de reposo y bendición, que hace que aquel que era débil, ahora sea fuerte. Y aquel que estaba temeroso, ahora esté confiado, seguro de sí mismo, y deseoso de conquistar aquello que antes debilitaba su corazón y turbaba su mente.

Para lograr este posicionamiento espiritual, lo primero que debemos hacer es saber compensar las limitaciones de nuestra humanidad.

Por su fragilidad, el apóstol Pablo describió al ser humano como un "tesoro en vasos de barro o el cuerpo de la humillación nuestra." Un cuerpo que, una vez transformado, se vuelve semejante a la gloria del cuerpo de Cristo cf. (2 Corintios 4:7; Filipenses 3:21; 1 Corintios 12:27; Romanos 13:14; Efesios 4:24).

Ya conociendo la debilidad que envuelve nuestra humanidad, debemos darnos a la tarea de descubrir la fortaleza y el valor de mi yo interior o "tesoro."

Es entendible encontrar un tesoro oculto en un lugar secreto, quizá un lugar de difícil acceso y hasta fortificado, pero ¿Un tesoro en una vasija de barro o en un florero? ¿Quién lo buscaría ahí? Tal vez esa sea la razón por la que nosotros mismos pasamos por alto nuestro valor y fijamos nuestra mirada en lo externo, en el barro o área de nuestra debilidad y no en la luz divina que hay en nuestro ser interior.

✓ *El tesoro y el campo (Mateo 13:44).*

Habiendo mencionado la fragilidad de nuestro hombre externo (2 Corintios 4:16) y la riqueza de nuestro hombre interior, creo conveniente citar la parábola "del tesoro escondido" dicha por Jesús.

En esta revelación de fe y amor, un hombre encuentra un tesoro en un campo. Por causa de aquel tesoro, este hombre "en representación del Reino de los Cielos" *vende todo lo que tiene* y compra el campo y el tesoro oculto en él.

A primera vista, quizá el campo no tenía mucho valor, pero a causa del tesoro, el valor del campo subió de precio; a tal grado que aquel hombre, debió de vender todo lo que tenía para adquirir el campo y el tesoro que había descubierto en él.

Esta enseñanza de Jesús nos lleva a entender la necesidad de valorar nuestra vida como un conjunto (el campo y el tesoro) y no separadamente. De no hacerlo así, la falta de equilibrio entre lo eterno y lo temporal podría desviarnos del verdadero propósito, y el sentido de todas las cosas en nuestra vida.

Descubrirnos a nosotros mismos en Dios, es una tarea maravillosa que nos hace ir y venir muchas veces hasta que finalmente nos encontramos en Él (Colosenses 3:1-4; 2 Corintios 3:18).

✓ *Un mar de abundancia*

De joven escuché una anécdota que nunca olvidaré. En este relato contaban de un naufragio ocurrido millas adentro en el océano Atlántico de la costa noreste de Brasil.

Un grupo de personas rescatadas de un naufragio, mencionaban las grandes dificultades que tuvieron para sobrevivir por varios días en el mar y, sobre todo, lo mucho que sufrieron a causa de la deshidratación.

Los alimentos escaseaban, no había agua, pero, de un pronto a otro (decían ellos) "fue como un milagro" en el último momento, comenzó a llover "y el agua de lluvia nos ayudó a resistir."

En este instante, alguien del público, preguntó a los sobrevivientes extranjeros, ¿Sabían ustedes que toda esta parte de mar adentro en dónde estuvieron por días es agua dulce? A lo que ellos respondieron asombrados: ¡No, no teníamos idea!

El río Amazonas atraviesa nueve países de Sudamérica, desemboca en el Océano Atlántico de Brasil, el ancho de su desembocadura es de 240 kilómetros y sus aguas dulces cubren cerca de 160 kilómetros mar adentro. Debido a su gran cantidad de agua, y por ser el río más extenso del mundo, también se le conoce como río mar.

Meditando en esta historia no puedo evitar pensar ¿Cuántos recursos habremos tenido a nuestro alrededor sin saberlo? Y al igual que los náufragos, suplicamos por una gota de agua, cuándo hemos estado navegando sobre una fuente ilimitada en dónde lo eterno ha estado dispuesto y esperando para irrumpir y transformar nuestro mundo relativo y temporal.

Sin duda que ya es tiempo de apartar la mirada del barro y de todas aquellas cosas que en complicidad conforman el cuerpo de la humillación. ¡Este es el tiempo de equilibrar la balanza y valorar apropiadamente el tesoro único e irremplazable *que eres como un todo!*

No es que no lo hayas intentado; es solo que la motivación y el conocimiento preciso requerido para trascender al siguiente nivel tiene primero que despertar. Muchas veces hemos querido lograr un objetivo, pero por no enfocar bien nuestro esfuerzo, el resultado ha sido totalmente contrario al que esperábamos. Otras veces, al no ser capaces de expresar nuestras ideas de forma efectiva, producimos el efecto contrario de aquello que queríamos lograr.

En resumen, sabemos que tenemos el potencial para cumplir nuestras metas, sin embargo, en el camino, por una u otra razón, se nos han negado los resultados de aquello por lo que hemos estado trabajando.

Justo en este momento, necesitamos convertir lo que haya sido una pérdida en ganancia. ¿Pero cómo hacer esto? ¿Cómo alcanzar todo lo que hasta hoy ha sido imposible conquistar?

El Reposo de Dios

✓ *¿Cómo ser siempre un ganador?*

La Palabra Bíblica nos enseña que Dios transforma las tinieblas en luz y aquello que es escabroso en llanura, de modo que no importa cuán oscuras sean las circunstancias o cuán difícil y torcido pareciera ser el camino; de seguro que Dios tiene el poder para hacer que toda adversidad y viento contrario se vuelva a nuestro favor (Isaías 42: 16).

Estando en la librería, me llamó fuertemente la atención el título de un libro llamado: "El Lugar Secreto de Dios," este tema trajo a mi mente un juego que de niños acostumbramos a llamar "escondites."

Este era un juego que demandaba mucha concentración, y en el que todos los sentidos debían permanecer muy atentos y activos, de manera que entre más quietud había, más seguros estábamos. Tener éxito equivalía a no haber sido encontrado, de manera que el próximo día podíamos decirles a todos que "nadie nos encontró, por lo que habíamos ganado."

¿Cómo jugar, o más bien como vivir de modo que siempre podamos ganar?

La Escritura nos enseña que existen dos siglos o dos estados opuestos; a uno de ellos se le llama el siglo venidero o Reino de su hijo amado, y al otro, el siglo malo o siglo temporal, el cual se encuentra bajo el dominio de la oscuridad (Lucas 16:8; 20:34; 2 Corintios 4:4; Gálatas 1:4; Hebreos 6:5).

Según el apóstol Pablo, el entendimiento que haya en nuestra mente, y si esta ha sido renovada o actualizada; será lo que determine cuál sea nuestra posición, y por ende los resultados que obtengamos.

El poder de la transformación y el revestimiento espiritual son verdades eternas, que el creyente ha de querer experimentar *desde hoy*, y no pensar que estos son eventos exclusivamente reservados para el día de mañana (Romanos 12:2; Colosenses 3:10; Gálatas 3:27).

Es muy importante tener claro que existe un camino espiritual capaz de hacernos viajar en el tiempo y llevarnos desde lo pasajero y temporal hasta lo eterno y celestial (Colosenses 1:13).

Lo interesante aquí es que el creyente, como ser humano, puede tener sus pies firmes sobre la tierra, mientras que su ser interno se fortalece desde la propia esencia de su naturaleza celestial. Y esto no debería de extrañarnos, puesto que el apóstol Pablo afirma que nuestra vida *está escondida en Cristo* y que con él hemos sido sentados en lugares celestiales (Efesios 2:5,6).

✓ *Lo mejor de dos mundos*

En el muy profundo e impactante diálogo que Jesús tuvo con Nicodemo, Jesús afirmó: (Juan 3) [13]Nadie subió al cielo, sino el que descendió del cielo; el Hijo del Hombre, que está en el cielo.

En esta declaración, Jesús está utilizando un lenguaje eterno y temporal o complementario, demostrando su posición como la imagen y sustancia del Dios invisible (que siempre ha existido en el Padre) y al mismo tiempo y según la carne como hijo del hombre (Romanos 1:3).

Por lo tanto, la descripción de Jesús como hijo de hombre implica que "aunque como hijo de José y María estaba en la tierra." En su posicionamiento como Cristo, el Hijo Eterno o Resplandor de Dios, -llenándolo todo y hecho más sublime que los cielos- ... ¡Aún permanecía en ellos! *Véase*, (Hebreos

El Reposo de Dios

1:2,3,5; 7:26; Colosenses 1:15; Juan 1:4,9; 16:28; Hebreos 10:5; 2:14; 1 Corintios 15:45; Colosenses 3:10,11; 1 Corintios 1:24,30; Proverbios 8:1-36).

Debido a que nuestro espíritu en esencia es celestial, y que nuestro cuerpo es terrenal, nosotros, al igual que Jesús, interactuamos desde dos ámbitos a la vez.

No debemos olvidar, que, aunque hemos participado de carne y sangre, somos el cuerpo inmanente del Cristo Eterno, por lo que siendo parte de un todo "existimos en dos dimensiones al mismo tiempo" (1 Corintios 12:27; 15:28; Efesios 1:22,23; 2:6; Colosenses 3:3).

Razón por la que, a pesar de tener nuestros pies firmes sobre la tierra, nuestra mente sigue fijada en el cielo. Desde donde, como cuerpo representativo, reinamos como nueva creación por encima de todo lo pasajero y lo temporal (Romanos 5:17; Efesios 1:22).

No por casualidad Jesús, cuyo nombre significa el Señor Salva, ha sido declarado el modelo a seguir y el puente o mediador, que reconcilia al hombre con Dios (1 Timoteo 2:5; Filipenses 2: 5-11; 2 Corintios 5:19; Colosenses 1:20).

Entender el misterio de la existencia del Hijo en el Padre y nosotros siendo parte de él (1 Corintios 12:27), es habilitarnos a nosotros mismos de la capacidad de poder tomar lo mejor de dos mundos o "dos lugares a la misma vez."

De tal manera, que cuando triunfamos, es ganancia y cuando perdemos, ¡volvemos a ganar!

Queriendo decir con esto que por estar nuestra vida escondida en Cristo no existe forma alguna en que el mal pueda vencernos. Tal como lo afirmó el apóstol Pablo, "ante todas estas cosas somos más que vencedores" (Juan 17:21; 14:3; Colosenses 3:3,4; 2 Corintios 3:18; Gálatas 1:16; Romanos 8:28-39).

Capítulo 2. El Plan de Dios para la Felicidad del Hombre

- El Diseño de Dios Revelado
- El Día Perfecto, ¡El Día Que No Terminó!
- La Ley de Moisés y el Día de Reposo
- El Séptimo año multiplicado por Siete
- Setenta veces Siete (Plenitud del perdón divino)
- Significado del número Setenta para Israel

Capítulo 2. El plan de Dios para la felicidad del hombre

• El Diseño de Dios Revelado

Para poder vivir conforme al diseño divino y la plenitud contenida en su propósito, es de suma importancia comprender que toda la estructura de revelación y de poder descansa oculta dentro del eterno y maravilloso *presente divino,* también llamado "Día Séptimo, Día de Reposo o Día de su Eterna Bendición" (Génesis 2:2,3).

Nuestro Señor, como muestra de su grandiosa sabiduría, ha dejado marcado el camino que nos lleva desde la gloria imperante en el Jardín del Edén hasta El Día Que No Terminó, donde nos encontramos con la recreación de su gracia y amor infinito.

El Plan Maestro, oculto de los Siglos, finalmente se manifiesta a través de la revelación del cumplimiento del Tiempo, y la reunificación del cielo y la tierra a través del Resplandor Divino del Eterno manifestado en Jesús.

Todas las cosas han sido creadas bajo diseño, y sin su buena voluntad, y eterno propósito nada existiría (Efesios 1:9,10; Colosenses 1:19,20; Hechos 3:21,24; Efesios 3:8,9).

Dicho en lenguaje bíblico, el hombre natural, tal cual antiguo Adán, ha sido puesto a dormir o vivir una experiencia terrenal. Cumplido el proceso de discernimiento y equilibrio entre el bien y el mal, el hombre despierta a la luz de una realidad nueva y mejorada que lo lleva de vuelta al Día Perfecto y Bendecido de Dios (Romanos 13:11; Efesios 5:14; Romanos 8:29; Gálatas 4:19; 6:15).

En este nuevo entendimiento, el hombre se encuentra renovado, transformado, vestido y sellado por Dios cómo una nueva creación en Cristo. Con ello, el Omnisapiente y Sabio ha logrado su propósito de formar al hombre -representado en el último Adán- a imagen y semejanza de su Creador.

Es claro, que para que esto suceda, cada uno de aquellos que son portadores conscientes de su naturaleza divina, deberán primero acceder al mensaje de revelación y poder contenido en el Evangelio Eterno. Un Evangelio de Cumplimiento, que, por haber sido escrito en el cielo, nos habilita *desde hoy* a obtener todas las riquezas contenidas en su infinita heredad.

Es posible llegar con tarjeta de débito en mano al cajero del banco, pero si no tenemos la clave de acceso, no podremos utilizarla. Tener la Biblia en nuestros corazones es muy importante, pero si no hemos desarrollado la mente del Cristo Eterno en nuestras vidas, las riquezas encontradas en su Palabra, no nos serán de mucha utilidad (1 Corintios 2:16; Gálatas 4:1).

• El Día Perfecto, ¡El Día Que No Terminó!

Dios, sabiamente, ha dejado en su Palabra, poderosas referencias, que como columnas de luz iluminan el camino que nos lleva hasta el tesoro de su Día Bendito de Gracia y Perfección.

El Reposo de Dios

Fue en el Día Séptimo, que toda la obra divina se completó, fue también en este Día; que la creación fue por siempre santificada y guardada bajo el diseño de su eterno propósito y maravillosa bendición.

En el capítulo uno de Génesis, se establece las obras hechas por el Creador, en cada uno de los primeros seis días. En estos primeros seis días de la creación, contemplamos la grandeza y el accionar del poder creativo de Dios (Hebreos 11:3), de la siguiente manera:

1. En el primer día, los cielos y la tierra fueron creados (Génesis 1:1-5).
2. El segundo día, las aguas son separadas y el cielo y la tierra acomodados según su divino propósito (Génesis 1:6-8).
3. En el tercer día, Dios continúa su labor separando las aguas de lo seco y la multiplicación de la semilla según su género tiene lugar (Génesis 1:9-13).
4. En el cuarto día, además de las estrellas, la sabiduría divina determina que haya una lumbrera mayor para reinar en el día y una menor para reinar en la noche (Génesis 1:14-19).
5. El quinto día, sería el día en que los seres vivos llenarían las aguas, la tierra y además el aire (Génesis 1:20-23).
6. El sexto día estaba destinado a ser un día muy especial, fue en este día que, como un sello de amor y corona de creación, al espíritu del hombre y la mujer se les da un cuerpo y en adelante vienen a ser almas vivientes (Génesis 1:26-31; Hebreos 2:14; Job 10:10-12; Eclesiastés 12:7).
7. Al finalizar el sexto día, Elohim había determinado que cada día anterior ya había cumplido con su propósito.

Es así como la Escritura regista el principio y el fin de cada uno de los primeros seis días.

> *Génesis 1.*
1. Y fue la tarde y la mañana el día primero (Vs.5).
2. Y fue la tarde y la mañana el día segundo (Vs.8).
3. Y fue la tarde y la mañana el día tercero (Vs.13).
4. Y fue la tarde y la mañana el día cuarto (Vs.19).
5. Y fue la tarde y la mañana el día quinto (Vs.23).
6. Y fue la tarde y la mañana el día sexto (Vs.31).

Otro detalle hermoso y significativo descrito en este relato creativo, tiene que ver con el hecho de que al finalizar cada uno de estos días, Dios declaró que todo "era bueno o muy bueno."

> *Génesis 1.*
1. Y vio Dios que (la luz) era buena (Vs. 4).
2. Y vio Dios que era bueno (Vs.10).
3. Y vio Dios que era bueno (Vs.12).
4. Y vio Dios que era bueno (Vs.18).
5. Y vio Dios que era bueno (Vs.21).
6. Y vio Dios que era bueno (Vs.25).
7. Y vio Dios todo lo que había hecho, y he aquí que era bueno en gran manera (Vs.31).

En todo este marco glorioso del diseño creativo de Dios, existe evidencia bíblica muy importante que no deberíamos pasar por alto.

En cada uno de los primeros seis días queda establecido que *fue la tarde y la mañana;* queriendo decir con esto que cada uno de estos días, de la misma manera que había comenzado, "también había llegado a su fin."

El hecho a resaltar dentro de toda esta estructura bíblica tiene que ver con que, *a diferencia de los primeros seis días al llegar al Día Séptimo, no se dice que este llegara a terminar.*

En este Día, por haberse concluido toda la obra creativa, se nos dice que Dios Reposa y Bendice al Día Séptimo, estableciéndolo, así como el Día Eterno de Dios, el Día Bendito que comenzó pero que ¡No llegó a tener fin!

> Génesis 2. ²Y acabó Dios en el día séptimo la obra que hizo; y reposó el día séptimo de toda la obra que hizo. ³Y bendijo Dios al día séptimo, y lo santificó.

Es importante recordar, que el significado del Día de Dios en las Escrituras no es precisamente de 24 horas, sino que este es un período determinado en el calendario divino en que ciertos propósitos revelados se cumplen.

El Séptimo Día de su Reposo, o Día del Señor, representa eternidad. Es el "continuo presente de Dios," desde donde, el cumplimiento de su obra a favor del hombre toma lugar.

El no registrar el fin del Día Séptimo no fue un error dentro del relato de la creación. Por el contrario, esta fue una exclusión intencional con la que se establece claramente que *el Día que Dios Bendijo no terminó en el Séptimo Día, sino que, ¡empezó entonces y continúa aún!*

En el Día de Su propósito eterno, la creación Perfecta fue perpetuamente protegida y sellada. Recordemos que una vez que el Señor determina que todo lo que había hecho era bueno en gran manera, como acto final de soberanía, Bendice al Día Séptimo después de lo cual Reposa (Genesis 1:31; 2:2,3).

Es en este preciso momento que toda la creación queda cubierta y protegida por Aquel que, en su soberanía, decide señalar el camino hacia la Sanidad y Salvación.

El Séptimo Día o Día de Reposo, es la justicia de Dios manifestada; es perfección, señorío, propósito y, por tanto, árbol de vida y fuente de toda bendición.

Es por esto, que una vez que hemos descubierto esta poderosa verdad, el sello que identificará nuestra vida será de cumplimiento, de gratitud, de fiesta, de éxito y de alabanza (Apocalipsis 2:7; Éxodo 13:6).

El orden divino y el diseño de su propósito (a través del Día Bendito de su Eterno Reposo) no solamente se da a conocer desde el principio de la creación; sino también ha venido a ser la confirmación del gobierno de Dios para con su iglesia.

• La Ley de Moisés y el Día de Reposo

> *Levíticos 23:9-32.*

Según la tradición judía, la entrega de la Ley por parte de Dios a Moisés corresponde con la fiesta que se celebra siete semanas después de la pascua, también conocida como pentecostés. Es durante esta fecha que el cristianismo celebra la presencia de Cristo manifestada a través del Espíritu Santo durante el Pentecostés o la Fiesta de las Primicias.

El Señor había dado el Día de Reposo a su pueblo como señal de pacto permanente, así como el novio entrega el anillo a su

El Reposo de Dios

novia como símbolo de unión; de la misma manera, Cristo se hizo presente en Día de Reposo, sellando así su unión con la iglesia (Éxodo 31:12,13; Levíticos 23: 15, 16; Hechos 2:1-5).

De manera que, el Día de Reposo viene a tener la misma validez representativa que un certificado de matrimonio tiene para una pareja de esposos. Así como un certificado de matrimonio demuestra que dos personas son marido y mujer, el Día de Reposo y de Consumación es el lazo que demuestra la seriedad e intimidad de nuestra relación con Dios.

El Día de Reposo fue la promesa de Dios que contenía bendiciones plenamente garantizadas. Los israelitas recibirían la protección de Dios guardando el Día de Reposo. Este día, fue y sigue siendo, la línea que conecta las riquezas del favor divino con la herencia entregada a su pueblo.

• El Séptimo año multiplicado por Siete

> *Levíticos 25:8-16.*

Se trata aquí, de un Año de Jubileo y Restauración en el que la gente descansa, se liberan los esclavos, se deja de trabajar la tierra y se devuelven los bienes vendidos, evitando así la desigualdad y la pobreza.

El año cincuenta, sería un año santo en el que todas las cosas habrían de ser renovadas. Este cumplimiento era de acatamiento obligatorio, y debía de ser proclamado sobre toda la tierra de Israel y cada uno de sus habitantes.

El Séptimo año representa la buena voluntad, agradable y perfecta, *multiplicada por siete;* es el tiempo maravilloso en que todo lo bueno alcanza su máxima plenitud. Este es el año santo del gran cumplimiento profético. Año de sanidad, perdón, y liberación para el pueblo de Dios.

No fue coincidencia que Jesús anunciara la consumación escritural del Gran Jubileo en un Día de Reposo. ¡Indicando así el camino hacia el reino infinito de la Belleza y la Perfección! (Isaías 35:1-10; 61:1-3; Lucas 4:16-21).

• Setenta veces Siete (Plenitud del perdón divino)

➢ *Mateo 18:21,22.*

¿Cuántas veces perdonaré a mi hermano que peque contra mí? ¿Hasta siete? En este hermoso pasaje Jesús utiliza como base, un lenguaje, que sus discípulos fácilmente podían entender. Los judíos estaban muy bien educados en el significado y en el poder de cumplimiento contenido en el número Siete.

Sin duda, el sentido implícito en las palabras de Jesús fue de infinidad y perfección. El conjunto de palabras empleadas a la hora de hacer mención del número Siete, no solamente traería a la memoria de Jesús el Día Eterno o Día de Reposo, sino también, el año de la gran liberación y jubileo de Dios para con su pueblo.

Año en que, por medio del poderoso Reposo, el hombre soltando las cargas, encuentra *desde hoy* el lugar de su posicionamiento espiritual y eterna bendición.

Solo en la quietud y sabiduría del Día de la Restitución y Restauración entenderemos el verdadero significado e impacto de las palabras dichas por Jesús. Poner en práctica el perdón total nos da la bendición de encontrar el equilibrio, la tranquilidad y el balance de una vida que Reposa en la Plenitud Espiritual.

• Significado del número 70 para Israel

Ayin, es la letra 16 del alfabeto hebreo y *su valor numérico es Setenta*. En el hebreo pictográfico, Ayin se dibuja con la forma de un ojo (👁). En el sentido simbólico, representa la visión que nos da la claridad para conocer lo que está oculto de manera que, teniendo abundancia de luz, podamos siempre estar preparados para alcanzar el éxito en la vida.

Jesús mismo afirmó que la luz, y el buen proceder del hombre se encuentran en la visión del ojo o Ayin espiritual. Por lo tanto, si nuestro conocimiento es de luz, nuestra vida resplandecerá en la imagen y semejanza de su maravillosa Sabiduría y Eterno Poder.

Alcanzar la plenitud y la libertad representada en Aquel que todo lo puede ver (Zacarías 4:10; Apocalipsis 5:6) es de suma importancia para toda persona, puesto que dicho en lenguaje bíblico: "si nuestro ojo es malo, todo nuestro ser también estará en tinieblas" (Mateo 6:22, 23). Pero, si, por el contrario, nuestro Ayin, -o conocimiento de lo que está oculto- es bueno, todo nuestro ser estará lleno de luz.

Tan significativa es la visión, el equilibrio y la claridad para tomar las decisiones acertadas que no por casualidad, Jesús dijo: "si tu ojo te es ocasión de caer, sácalo y échalo de ti" (Mateo 18:9).

¿Cómo no recordar los dichos sabios de nuestros antepasados cuando decían, tal persona tiene buen ojo para esto o aquello? "seguramente, le irá muy bien en ese negocio (o proyecto)."

Con esta claridad y confianza, Abram elevó su mirada, cuando se le dijo: Alza ahora tus ojos, y mira (👁) desde el lugar donde estás… porque toda la tierra que ves, la daré a ti y a tu descendencia para siempre (Génesis 13: 14,15).

De manera que el número Setenta representa el poder para alcanzar el cumplimiento de la promesa y la sabiduría para poder lograr el éxito y la prosperidad en nuestra vida personal.

Es interesante notar como en Salmos capítulo noventa, verso diez, se declara que: "El tiempo o medida que completa los días del hombre es de setenta años o a lo sumo son ochenta."

Muchos han creído ver en este pasaje una medida indicativa del tiempo señalado por Dios para que el hombre alcance la sabiduría y cumpla así a plenitud su misión de vida.

Sin duda que, en la tradición judía y en muchas culturas a través del tiempo, los números han tenido un significado muy especial. Por medio de los números, el hombre ha sido capaz de transmitir de forma simple ideas que pueden ser cruciales y relevantes para la historia, el conocimiento de los misterios de Dios y la vida misma.

Ejemplo de esto lo podemos ver en la profecía dicha por Jeremías (29:10), cuando el Señor envía palabra a los cautivos en Babilonia y les declara que, cumplidos *Setenta años,* a partir de la profecía, el pueblo sería despertado a través de un avivamiento espiritual y finalmente liberado de su cautividad (Jeremías 29:10-14).

Según los profetas, las continuas transgresiones al Reposo Celestial, y el rechazo a la sabiduría que viene de su Día Bendito de Plenitud y Perfección, fue lo que finalmente llevó al pueblo de Israel por el camino del cautiverio (Ezequiel 20:13; Isaías 58:13-14).

El Reposo de Dios

A pesar de la dureza del corazón de la gente, el fin del sufrimiento y el principio de los buenos tiempos, ya habían sido previamente determinados por el perfecto Ayin (👁) de Dios.

Según la profecía dicha por Jeremías, una vez cumplido el ciclo de Setenta años, Israel finalmente lograría el despertar, que le devolvería la libertad y el descanso como nación.

Una vez más, se recuerda a Israel que su Salvación estaría ligada a seguir la sabiduría y la victoria reservadas en el Reposo de Dios.

Capítulo 3. Origen del Reposo Divino

- El Reposo y la Paz
- ¿Cuál fue la causa del Día de Reposo?
- ¿En qué consistía el Día de Reposo?
- ¿Por qué Dios Reposó?
- Reposo, Día del poder ilimitado de Dios
- Reposo para la tierra, los animales, y para el hombre
- El Cristo Eterno pagó para que yo esté tranquilo

Capítulo 3. Origen del Reposo Divino

• El Reposo y la Paz

La palabra *reposar*, del hebreo *núakj* (תבש) significa: quietud, permanecer, hacer cesar, detener, *descansar de un trabajo o cansancio*, permanecer sin alteración en quietud, paz y tranquilidad.

El Reposo divino es la paz y seguridad continua que se obtiene cuando sabemos que todas las cosas son movidas y están dirigidas por una autoridad superior.

Esta es la capacidad o poder que Jesús ofreció a sus seguidores cuando dijo: La paz os dejo, mi paz os doy; yo no os la doy como el mundo la da. No se turbe vuestro corazón, ni tenga miedo (Juan 14:27).

Los beneficios de la paz divina son tan abundantes que el escritor de la epístola a los Hebreos declara que seguir la paz es imprescindible. Sin ella, el creyente no podrá mirar (optánomai-ὀπτάνομαι) fijamente y experimentar con los ojos abiertos la presencia del Señor (Hebreos 12:14).

Dios, no solamente es un Dios caracterizado por su amor sino también por la continua guianza y el gobierno de su paz en nuestras vidas (1 Juan 4:7,8; Colosenses 3:15; Romanos 15:33).

Según el apóstol Pablo, la paz de Dios no solo guarda, sino que también separa o santifica los pensamientos y el corazón del creyente en Cristo Jesús (Filipenses 4:7). Una mente tranquila y un corazón en paz, de seguro contará con el equilibrio necesario para tomar siempre las mejores decisiones.

El Señor anunció a través del Profeta Ezequiel que los Días de Reposo fueron dados a Israel como señal. Este convenio es el pacto entre un Dios que santifica y un pueblo que, por creer a su palabra, habría de descansar y ser guardado mediante su gran poder (Ezequiel 20:12).

El creyente debe tener claro que es la voluntad del Señor que permanezcamos firmes siguiendo todas aquellas cosas que producen descanso y bienestar a nuestra alma. Cuando nos apartamos de su Reposo, y cuando su paz no es nuestra guía. ¡Entonces sabremos que nos estamos alejando del camino correcto!

• ¿Cuál fue la causa del Día de Reposo?

En cuanto a esta significativa pregunta, Jesús revela una muy valiosa verdad: mucho antes que el primer hombre existiera, ya Dios conocía la necesidad y el gran vacío en que este caería. Pero más significativo aún es el hecho de que Dios ya había pensado como llenarlo. Por este motivo, según Jesús, el Día de Reposo fue creado y establecido con el propósito de proteger y salvaguardar la más preciada creación (Mateo 2:27).

Dios, conociendo todas las cosas, sabía de la gran necesidad que el hombre enfrentaría inmediatamente después de su caída. Es por esto, que, en amor y como medida de protección, Dios establece un mecanismo para revertir el trauma emocional y la profunda huella dejada en el hombre a causa de su tropiezo.

He aquí la necesidad que tiene el hombre de encontrarse con el presente continuo del Hoy Bendito y Eterno de Dios. Sólo entonces se abrirán las puertas a la estabilidad y al éxito, y habrá descubierto los beneficios y el poder contenido en el secreto reservado de su morada.

Sin duda que, en este lugar de quietud y poder, las circunstancias adversas son transformadas en alabanza, y las preocupaciones por lo relativo y lo temporal han cesado y, por tanto, "dejado de ser" (Salmos 27:5,6).

Este es un lugar de bendición, que, por haber permanecido oculto a la mente natural, no ha sido aprovechado apropiadamente (1 Corintios 2: 9-16; 3:1).

• ¿En qué consistía el Día de Reposo?

> ➢ *No llevar, o transportar cargas*

Jeremías 17. [21]Así ha dicho Jehová: *Guardaos por vuestra vida de llevar carga el día de reposo...*[22]Ni saquéis carga de vuestras casas, ni hagáis trabajo alguno… (Éxodo 34) [21]Mas en el séptimo día descansarás; *aún en la arada y en la siega, descansarás.*

Los pasajes bíblicos anteriormente citados, nos dicen que aun aquellas cosas que consideramos esenciales por estar relacionadas con el trabajo, y la provisión familiar, deben de cesar.

En el Día de Reposo, no se debía de meter o sacar cargas de la ciudad o de las casas; por ser este un Día Especial pensado por Dios para el disfrute del hombre y la unión familiar, en este Día, no se podía hacer obra o trabajo alguno, tampoco se podía encender el fuego.

En este día, no se podía viajar, "sino que cada uno debía estarse en su lugar, y no salir de él" (Éxodo 16:29; 20:10; 23:10-12; 35:2,3).

Algunos creen que esta pudo haber sido la razón por la que Jesús instruyó a sus discípulos a orar para que, en el juicio sobre Jerusalén, su huida no fuera un sábado o Día santificado de Reposo (Mateo 24:20).

En este Día santo, cada persona estaba restringida a un espacio físico en donde habría de encontrarse consigo mismo, con su familia y con su Dios.

A pesar de la importancia, para el pueblo de Israel, de apropiarse de todos los beneficios contenidos en este Día, se nos asegura que ellos no oyeron, ni tampoco quisieron recibir corrección (Jeremías 17:21-23).

Quizá esto debería recordarnos la importancia que tiene el Reposo permanente de Dios en nuestras vidas y la necesidad de mantenernos en la quietud y libertad que trae ¡El Día Que No Terminó! El Día de su Eterna Bendición (Génesis 2:3; Hebreos 4:1-11).

Tanto para el pueblo de Israel como para nosotros hoy, el Día Perfecto, ha llegado a ser la dimensión del reencuentro. Aquí es en donde su Palabra Viva actuando a través del tiempo

El Reposo de Dios

nos reconecta con la eternidad, permitiéndonos así recibir la fortaleza que nos hace disfrutar de una vida más próspera y exitosa.

Si aplicamos el modelo establecido por Dios a Israel en nuestras vidas. En ese caso, podremos comprender con facilidad que todo aquel que continúe por la vida sin posicionarse en el Reposo divino estará poniendo en riesgo los recursos que fueron preparados desde antes de los tiempos para su bien.

Por esta razón, todo aquel que por autosuficiencia o por ignorancia no suelte sus pesadas cargas pronto se verá sin el gozo de vivir la vida que Dios ha planificado para él.

Su gran amor ha determinado que una vez que hallamos encontrado el camino y abierto la puerta que nos da el balance y el equilibrio, nuestro descanso *no será interrumpido por ninguna razón*. La ley que opera el poderoso Reposo de Dios mueve todas las cosas hacia una continuidad, de manera que este no se puede interrumpir.

La Escritura nos enseña que Dios reposó de todas sus obras y que su reposo, ha terminado, pero que a la vez continúa aún.

En consecuencia, el Reposo Divino es una ley de vida y protección dada al pueblo de Israel; por esta razón no les era permitido en ningún caso cambiar o modificar este tiempo marcado por la mano de Dios.

Este Día no se podía interrumpir; no había circunstancia especial o necesidad alguna bajo el cielo que permitiera un cambio de fecha en el calendario o su postergación.

Por ser este, un asunto de vida o de muerte, el Reposo señalado a Israel no podía ser quebrantado, y quién así lo hiciera ponía en riesgo su vida y el buen nombre de su familia (Éxodo 34:21; Números 15:32).

En el libro a los Hebreos, capítulo 4, versos 9 y 10, se nos afirma que el Reposo de Dios sigue vigente, además se nos enseña que todo aquel que ha entrado a este Reposo divino, ha reposado de sus obras, como Dios de las suyas.

Sin embargo, esta poderosa y reveladora verdad nos llevaría a buscar una explicación a las palabras de Jesús cuando afirma: "Mi Padre hasta ahora trabaja, y yo trabajo."

Siendo que el Reposo celestial consiste en no hacer obra alguna, ¿Acaso se puede reposar y trabajar a la misma vez? (Juan 5:16,17).

Recuerda que la orden divina consistía, en no interrumpir el Reposo por ninguna razón. Ni siquiera cuando hubiese una necesidad urgente, "aún en la arada y en la siega, descansarás."

Pero ¿y por qué Jesús quebrantaba el Día de Reposo sanando al paralítico de Betesda? La respuesta simple a esta verdad es: "Lo espiritual y eterno se impone sobre lo temporal y pasajero"

Jesús quebrantó el Reposo conocido hasta entonces en esta dimensión de tiempo, para hacer cumplir el Reposo Perfecto que proviene del Día de su Eterna Bendición, Día que comenzó entonces, y que continúa hasta Hoy. ¡El Día Maravilloso por el cual entramos *al año agradable y de la buena voluntad* del Señor! (Lucas 4:19).

• ¿Por qué Dios Reposó?

Sí, Isaías asegura que Dios no se cansa (Isaías 40:28). ¿Entonces porque Dios reposó? ¿Estaría acaso agotado por el trabajo hecho en la creación? Con respecto a esto, la Escritura claramente establece que el Todopoderoso Dios no se fatiga ni tampoco se cansa.

Entonces, si Dios no estaba ni fatigado, ni cansado por haber creado los cielos y la tierra, ¿Por qué Dios Reposó?

Dios Reposa dando un ejemplo, que posteriormente instituye bajo el pacto de la ley en una ordenanza, que como sombra de lo que habría de venir, resplandece en su mayor expresión bajo el Séptimo Cumplimiento Escritural o Consumación del Misterio Escondido desde los Siglos en Dios (Efesios 3:8-11).

Basándonos en estas verdades, es seguro deducir que el Reposo es la puerta que el cielo proveyó para que el hombre se encuentre con la buena, agradable y perfecta voluntad de su Creador.

Sin lugar a duda, nuestro Señor conocía de antemano que, junto con la multiplicación de la humanidad, también habría de venir la multiplicación de los afanes de la vida y del trabajo; razón por la que el hombre necesitaría de una válvula de escape o puerta de salida, que aliviara la pesada carga, que, de otra manera, sería imposible con éxito sobrellevar.

De ahí la relevancia del ejemplo divino a la hora de señalarnos el camino a seguir de manera que, a pesar de las luchas y responsabilidades, pudiéramos también entrar y disfrutar del gozo y la paz contenida en el gran Día de Tranquilidad y Reposo Absoluto.

Día que Dios preparó con el propósito de alcanzar a todo aquel que anhele conocer y experimentar la plenitud interna que solo podemos encontrar en Cristo; quien es la puerta, el poder y la sabiduría que nos da el entendimiento *para poseer y reposar en nuestras habitaciones celestiales* (1 Corintios 1:30,31; Efesios 1: 3).

• Reposo, Día del poder ilimitado de Dios

> Génesis 2. ²... y reposó el día séptimo de toda la obra que hizo. ³Y bendijo Dios al día séptimo.

El Reposo que toma lugar inmediatamente después de la creación, es el Reposo que representa, la tranquilidad y la confianza que da el tener todas las cosas bajo absoluto control, denotando así poder total y señorío sobre todo lo existente.

El Reposo del que se nos habla aquí es un Reposo que establece soberanía, dominio y autoridad. Dios ha tenido control absoluto desde antes de los tiempos de los hombres, y a través del Día Séptimo, nos deja conocer el diseño de la Salvación.

Cierto es que existen algunas circunstancias que van más allá de nuestra capacidad inmediata de comprensión (Romanos 11:33); aun así, cuando hemos conocido su plan eterno y hemos creído de todo corazón que su señorío tiene control sobre todas las cosas, ¡verdaderamente estaremos descansando en su Sabiduría y Poder! (1 Corintios 1:24).

Es en este momento preciso de fe que, sin darnos cuenta, por no andar en nuestros pensamientos y por no hacer nuestras obras.

El Reposo de Dios

¡Comenzamos a hacer las suyas! (Gálatas 2:20; Efesios 2:10; Isaías 58:13).

Dios reposa porque todo está bajo su control; Dios trabaja porque su Palabra continúa ejecutando los designios preestablecidos por su incuestionable autoridad (Hebreos 4:12).

Al ser estas obras predestinadas, dejan estas de ser obras o trabajo, y se convierten en el maravilloso desarrollo o desenlace de su buena voluntad, amor y poder.

El Señorío Divino de paz, amor y perfección de Dios es un hermoso ejemplo de Autoridad y Soberanía. Al ejecutar el Diseño de Su Voluntad, el Eterno señala el poder que existe en la renuncia a lo temporal y la simplicidad y grandeza de la vida del hombre en Dios (Juan 3:30; Gálatas 2:20; 5:24; 6:17).

Sin duda que, el destino del hombre es habitar en el Día Perfecto; solamente en este lugar bendito las inseguridades de lo transitorio desaparecen, ¡y todas aquellas cosas que importan permanecen para siempre! (Lucas 17:33; Colosenses 3:1-3; 2 Corintios 4:18).

El Reposo Eterno y la Bendición Incondicional proferida por el Padre, nos trae un año agradable de libertad, de consuelo, con óleo de gozo y manto de alegría; además de todo esto, su Reposo sana nuestro corazón, nos libera del luto, de la ceniza y del espíritu angustiado.

Él nos hace árboles de justicia, nos saca de entre los escombros y la ruina y nos transforma en edificadores y restauradores (Génesis 1:31; 2:2,3; Isaías 61:1-4).

Bajo el hermoso Reposo de Dios, todo se ilumina. Aquello que era oscuro y negativo se convierte ahora en fuente de seguridad y confianza capaz de transformar los rincones más complejos y desafiantes del hombre interior.

Nosotros descansamos, porque Él es quien actúa en nuestras vidas. Nosotros obramos, porque hemos aprendido a poner nuestras cargas en Él. Toda obra que no descansa en su Reposo no es una obra que permanece y, por lo tanto, se quemará (Hebreos 13:21; Juan 15:5; 1 Corintios 3:10-15).

El Reposo Divino no solo es bendición, sino también un paso indispensable hacia el camino de la Salvación. Razón suficiente para que cada uno de sus hijos anhele experimentar el increíble poder de esta fuerza pasiva capaz de transformar, todo nuestro ser.

Este incomparable poder ilimitado puede dirigir nuestra vida sin los altos y bajos o sobresaltos que puede traer la falta de un buen equipamiento espiritual.

- ✓ *La Presencia del Señor en el silbo apacible y delicado*
- ➢ *1 Reyes 19:9-15.*

¿Cómo no recordar aquel pasaje en que Elías temeroso por su vida se oculta en una cueva? Mientras estaba en este lugar, el Señor le pregunta ¿Qué haces aquí? Acto seguido, le invita a salir de la cueva y a estar de pie en la montaña para mostrarle su presencia.

Una vez fuera de la cueva, Elías presenció un grande y poderoso viento que rompía los montes, y quebraba las peñas, pero Dios no estaba ahí. Después de esto, un poderoso terremoto, y tras el terremoto, un fuego, pero Dios tampoco estaba ahí. Por último, hubo un silbo apacible y delicado, en donde el profeta, esta vez, sí encontró la presencia, el consuelo y la guía que tanto necesitaba.

De esta historia bíblica, aprendemos que fijar nuestra mirada en la tempestad no nos ayudará. El profeta encontró lo que buscaba solo hasta que fijó su mirada en la frescura que viene con el silbo apacible y delicado del Señor.

Ahora entendemos, que nuestra seguridad, no depende de las circunstancias adversas o la fuerza de la tempestad; sino de aquel que reina sobre todas las cosas, y que, además, ha prometido nunca separarse de nuestro lado (Mateo 28:20; 1 Corintios 6:17).

Aprender a utilizar los recursos divinos apropiadamente, nos ayuda a encontrar el equilibrio y la estabilidad para mejorar en gran manera nuestra vida. Una vez hallamos adquirido esta nueva capacidad, estaremos en posición de hacer que este mundo dividido, sea un mundo mucho mejor.

• Reposo para la tierra, los animales, y para el hombre

Dios, en su infinita sabiduría, conoció que aún la misma tierra y los animales necesitarían un descanso, y se preocupó por ello, dejándolo saber mediante ordenanza a los hijos de Israel. Toda la nación habría de sembrar y recoger la cosecha por seis años, más el Séptimo año la tierra habría de descansar (Levíticos 25:1-7).

Durante seis días, el hombre trabajaría, más el Séptimo día, habría de reposar; por seis años, cultivaría la tierra, más el

Séptimo sería año de reposo, "para que descanse tu buey y tu asno" (Éxodo 23:10,12).

El año Séptimo sería el año del descanso; todo lo que de la tierra naciera no se podía recoger o almacenar. Claro está que el espíritu de esta ley de vida y de descanso, no era para que el hombre padeciera hambre o que estando en un lugar en donde hubiese fruto no lo pudiera tan siquiera tocar.

Fue un Día de Reposo en que los discípulos de Jesús, teniendo hambre "comenzaron a arrancar espigas y a comer." El verdadero Reposo es aquel que, por alimentarnos de la Palabra Eterna, nos lleva a experimentar la plenitud divina en nuestras vidas (Mateo 12:1-8; Levíticos 25:4).

Dios proveyó a través de ordenanza en su Palabra un Reposo *cada siete años para la tierra.* Él también quiso que durante este tiempo las bestias del campo fuesen aliviadas de sus cargas.

Y si el Señor pensó y estableció su cuidado sobre la tierra y cada una de las bestias del campo, ¿Cuánta más bendición y abundancia de paz habrá sido reservada para todo aquel que decida poner su confianza en Él?

Jesús dijo: Mirad las aves del cielo, que no siembran, ni siegan, ni recogen en graneros. Todo esto lo dijo, indicando que aquel que crea de corazón a la Palabra Posicional y de Fe no sería abandonado. Y, si Dios ha provisto, una manera de alimentar las aves, a pesar de que no siembran, ni siegan, ni cosechan. Acaso, ¿No valen ustedes mucho más que ellas? (Mateo 6:26).

Jesús toma un hermoso ejemplo de la naturaleza para mostrar que el Creador actúa en una dimensión que supera nuestros

El Reposo de Dios

métodos tradicionales. Los resultados más importantes en nuestra vida vienen cuando a través de su Reposo obtenemos todo en Él (1 Corintios 3:21,22; 2 Corintios 9:8; Efesios 1:3).

Bien lo dijo el sabio Salomón; el éxito en la vida no es para el que corre rápido, tampoco el triunfo pertenece al fuerte. La gran verdad es que "tiempo y ocasión acontece a todos" (Eclesiastés 9:11).

Estar en el momento y el lugar preciso es determinante a la hora de aprovechar cada oportunidad que nos da la vida. Para ello, no existe bajo el cielo un lugar mejor que el Día de su Gran Bendición; sin duda que, desde su Reposo, tendremos la tranquilidad y la sabiduría que hará que nuestros sueños se vuelvan realidad.

• El Cristo Eterno pagó para que yo esté tranquilo

En el Nuevo Testamento queda claramente establecido que la obra divina ha sido un plan llevado a cabo "desde y hasta la eternidad." El apóstol Pedro nos habla de un cordero que ya era previamente conocido (proginóskó-προγινώσκω) desde antes de la fundación del mundo "pero manifestado en los postreros tiempos por amor de vosotros" (1 Pedro 1:20).

En Apocalipsis capitulo trece, verso ocho, el apóstol Juan escribe acerca de un "cordero que fue inmolado desde el principio del mundo."

El escritor a los Hebreos, afirma que Cristo llevó a cabo su obra desde la eternidad "de la consumación de los siglos." Además, su labor vicaria sustitutiva y sacerdotal no se realizó en santuario hecho por mano de hombre sino en el cielo mismo (Hebreos 9: 23-26).

El apóstol Pablo asegura que fuimos predestinados para ser santos y sin mancha "desde antes de la fundación del mundo." Y no solo esto, sino que también afirma que hemos sido creados para mostrar gratitud y dar alabanza a la gloria de su gracia, "con la cual fuimos aceptos en el Amado" (Efesios 1:3-10).

Al contemplar la magnitud y el cumplimiento de tan maravillosa planificación celestial, no dejo de preguntarme: ¿Si el Eterno pagó de antemano por nuestra tranquilidad, debería yo de estar atribulado o sufriendo por una deuda que no debo?

Y es que cualquiera que sea la necesidad o problema que atravesemos, el tal, ¡ya ha sido resuelto! De manera que hoy podamos disfrutar del Gobierno y Reinado de su justicia y paz (Colosenses 3:15; Romanos 5:17; Jeremías 1:4-10).

¿Quién de nosotros no estaría feliz de ver que un regalo nuestro es utilizado apropiadamente? Y qué decir del tremendo sentimiento de satisfacción que nos embarga, cuando vemos que aquella persona, ¡le da uso continuo a aquel artículo o prenda de vestir que se le regaló!

¡De igual manera el Señor! El precio pagado por nuestro bienestar y estabilidad emocional fue muy alto; en el madero y por su sangre, él destruyó toda pared de duda e inseguridad que nos impedía alcanzar nuestro máximo potencial (Isaías 53:5,11).

Sin duda que Cristo es la puerta espiritual que nos reconecta con el propósito y la plenitud del Día Bendito. Ciertamente hoy, al igual que ayer, el Señor sigue teniendo el poder de rescatar de las aguas turbulentas a todo aquel que busque su ayuda (Mateo 14:22-32; Isaías 43:2).

La gloria de aquel, a quien el apóstol Pablo llama el Rey de los Siglos, nos lleva hasta la quietud de sus Ríos de Agua Viva, en donde podremos experimentar la seguridad y confianza de haber encontrado la fuente inagotable de su Infinito Reposo y Eterna Bendición (1 Timoteo 1:17; Ezequiel 47:1-14; Génesis 2:2,3).

De manera que, este Día de la Plenitud y Reposo ha llegado a ser la parada inevitable; el oasis o fuente de salud, para que todo aquel que se acerque a él, pueda encontrar las riquezas contenidas en aquel cuyas promesas no ha sido un sí y no, sino un siempre amén (2 Corintios 1:19, 20).

Alejarnos descuidadamente del Pacto Eterno y su Día Bendito, podría privarnos de la paz y bienestar que solo podemos encontrar a través del camino establecido que nos da acceso directo a su divina herencia.

En el Día de Reposo, se debía honrar a Dios, permitiéndole tomar control y aceptando su dirección y señorío sobre todas las cosas. Este Día Especial debía ser honrado: "no andando en tus propios caminos, ni buscando tu voluntad, ni hablando tus propias palabras" (Isaías 58:13-14).

El cumplimiento de este poderoso principio espiritual, además de poner en reposo la mente (al no hablar mis propias palabras o pensamientos descuidados), habría de traer como resultado la retribución de ricas y abundantes bendiciones de parte de Dios (Efesios 1:3; 2:10).

El propósito envuelto en el cumplimiento del Reposo dado por ley consistía en enseñarle al hombre a depender completamente de Dios, para así de este modo señalarle el camino en que este pudiera encontrarse a sí mismo en la imagen y semejanza de su Señor (Gálatas 2:20; 4:19; 2 Corintios 3:18).

Este es el Día en que el hombre aprende a escuchar la voz de Dios y por ende ser guiado y levantado en triunfo por su Sabiduría y Poder (1 Corintios 1:24; 2:16).

El Día Perfecto de Descanso y de Gozo, no fue determinado para una nación o región específica. Tampoco es un Día limitado por el tiempo ¡Sino Permanente y Eterno!

El Día de Reposo demuestra sin duda alguna que a Dios sí le importa nuestra necesidad. Él entiende el estrés, la aflicción y el cansancio que se acumula silenciosamente y sin aviso como pesada carga sobre nuestro diario vivir. Por lo tanto, este maravilloso Día fue establecido ¡para nuestro bienestar físico y espiritual!

Sin duda que, en el Día Bendito de su Eterno Hoy, encontramos la sabiduría y la paz que nos hace alcanzar la salud y prosperidad que tanto anhelamos. Este es el Día del milagro, el Día en que Dios lo vio todo bueno, el Día que Dios apartó bajo bendición, el Día que comenzó, pero ¡Qué No Terminó!

Este es el Día de la Quietud y el Descanso, el Día de la Recompensa, en que Dios, sentándose a la mesa espera celebrar con abundante bendición *el Jubileo y la Liberación* junto a sus hijos.

Capítulo 4. Rehusando su Reposo

- Un rey que no quiso reposar
- Guárdate y Repósate
- ¡No subsistirá, ni Será!
- Si vosotros no creyereis
- ¡Borrachos y tontos!
- Tiempo de coaliciones
- Cinco pasos hacia la derrota
- Saúl pierde su reinado
- Actuando fuera de sí (Los doce espías)
- El profeta Elías pierde su ministerio

Capítulo 4. Rehusando su Reposo

• Un Rey que no quiso reposar

> *Isaías 7:1-12.*

En esta emotiva e impactante historia bíblica que toma lugar alrededor del año 930 antes de Cristo, tras la muerte de Salomón y la negativa de Roboam, su hijo, de aligerar las cargas tributarias impuestas por su padre, el reino de Israel se divide en dos partes.

Cerca de doscientos años después que sucedió esta separación, las diez tribus del reino del norte, también llamadas reino de Israel en unión con Siria, se disponen a conquistar las dos tribus restantes o reino del Sur (Judá, Benjamín), las cuales tenían como capital Jerusalén.

Así, Israel, teniendo su capital en Samaria, junto con Siria y posiblemente con el apoyo de Egipto, se alió para conquistar Jerusalén y así formar un bloque lo suficientemente fuerte como para enfrentar a su enemigo común Asiria (que finalmente tomó cautivo el reino de Israel en el año 722 a.C.).

El rey, de Israel y el rey de Siria conocían la inclinación amistosa de Acáz, rey de Jerusalén, hacia el enemigo de ambos, "los Asirios." Ante esta situación desventajosa, ellos toman la decisión de conquistar Jerusalén y poner su propio rey. Un rey que sería convenientemente manejado a favor de sus planes militares.

Ya Jerusalén había sufrido el dolor de una primera incursión por parte de los Sirios, quienes habían causado gran devastación de muerte y desolación.

Esta primera batalla había dejado un pueblo de rodillas, con un balance de 120000 soldados muertos en un solo día y 200000 rehenes, entre ellos mujeres y niños. Este sería uno de los tiempos más oscuros para el pueblo de Dios (2 Crónicas 28:5-8).

Ante la noticia de esta nueva guerra, tanto el corazón del rey como el del pueblo desfallece, de tal modo que la Escritura dice que su corazón se estremeció, como se estremecen los árboles del monte a causa del viento (Isaías 7:2).

• Guarda y Repósate

En medio de tanto dolor e incertidumbre, el Señor interviene enviando palabra de exhortación y consuelo a través del profeta Isaías diciendo:

> *Isaías capítulo 7.*
1. Guarda y repósate; no temas, ni se turbe tu corazón (Vs.4).
2. Por tanto, Jehová el Señor dice así: No subsistirá, ni será (Vs.7).
3. Si vosotros no creyereis, de cierto no permaneceréis (Vs.9).

El Señor sabiamente aconseja a su pueblo a alejarse del temor y la turbación y buscar refugio en la quietud y protección de su Reposo. Para esto, envía un mensaje directo, a través del profeta Isaías al rey de Jerusalén. A pesar de ello, el rey de Jerusalén inmediatamente rechaza esta excelente propuesta de fe, esperanza y victoria. Y esto debido a que ya desde antes había decidido poner la seguridad del pueblo en manos del rey de Asiria.

Tanto para Acáz como para el pueblo, era más fácil poner su confianza en el impresionante ejército Asirio y su poderoso rey antes que reposar en un Dios que no terminaban de conocer.

Acáz fue un rey alejado de Dios, por lo que no es de extrañar que no pusiera fe alguna a la que sería la única y verdadera salida a tan terrible situación.

En definitiva, Dios no necesitaba de la sabiduría o del poder que este hombre por su posición pudiera ofrecer, razón por la que el mandato divino hacia el rey es claro: "Guarda y repósate."

Obedecer a su Palabra implicaría que este habría de retraerse a sí mismo, cesando inmediatamente toda obra y actividad, de modo que la gloria de Dios fluyera libremente sin ser estorbada por obra humana alguna. ¿Pero cómo podía Acaz reposar creyéndole a un Dios que no conoció? Este rey que aún a su hijo mediante fuego sacrificó. ¿Cómo creer cuando en su corazón no había intención de actuar apropiadamente? (2 Reyes 16:1-4).

• ¡No Subsistirá, ni Será!

El Señor, ya había determinado la suerte de los reinos de Israel y de Siria; además, ya había decidido que su consejo en contra de Jerusalén no sería, ni subsistiría.

La profecía describe a estos dos reyes enemigos de Jerusalén como "dos extremos de un leño humeante," y esto; porque en su soberana voluntad, ya había decidido que su llama estaba a punto de apagarse. Los reyes de Siria e Israel, que parecían dos tizones a punto de extinguirse, morirían pronto. Peka, rey de Israel, fue eliminado en el 732 a.C., y Rezin, rey de Siria, fue liquidado el mismo año por Tiglat-pileser III de Asiria.

✓ *Si vosotros no creyereis*

Isaías hace un llamado a creerle a Dios y confiar solamente en Él, asegurándoles que esta es la única opción para escapar del peligro inminente y salir victoriosos. Confiar en Dios daría como resultado el cumplimiento positivo contenido en la promesa divina: "Si vosotros creyereis, de cierto permaneceréis."

La Biblia de Jerusalén, con gran belleza idiomática, traduce: "Si no os afirmáis en mí, no seréis firmes."

Como resultado de no poner su confianza en Dios, Acaz rechazó la oferta divina. Acaz, no solo no conoció el Reposo celestial, sino que, en su decisión, también se privó de sus beneficios y de la acción protectora proveniente del Día Perfecto y Bendito, ¡El Día Que No Terminó!

El rey de Jerusalén, al tomar sus propias acciones, y en su alianza con el rey de Asiria, no solo empobreció, sino que también sacrificó la independencia de Judá, al tener que pagarle al rey Asiria, un fuerte tributo por una ayuda que nunca llegó (2 Crónicas 28:21).

Curiosamente, en su intento por convencer al rey Acaz, el profeta ofrece una señal de parte de Dios. El rey de Jerusalén rechaza la señal profética; sin embargo, y a pesar de esto, el profeta Isaías le declara la buena noticia del futuro nacimiento de Emanuel, el mesías enviado de parte de Dios (Isaías 7:14).

Jerusalén pasaba por tiempos muy oscuros y difíciles, sin embargo, mirar a la Luz del cumplimiento que un día llegaría podría ser de mucha esperanza y consuelo (Juan 1:7; 3:19).

¡Una vez más, queda comprobado que la sabiduría divina es mayor que la nuestra y que lo mejor para el hombre es confiar en Dios y nada más…!

De este relato, podemos aprender que hay momentos en que antes de correr y desesperarse tratando de resolver un problema difícil, es mejor permanecer bajo la sabiduría y la guía de Su Reposo.

Fundamentados en la seguridad de esta maravillosa fe de cumplimiento, declaramos que: Aún si los cielos y la tierra fueran conmovidos. Y si Isaac hubiese sido sacrificado antes de que se cumpliera la promesa. ¡Aquel que ha hablado desde el cielo, aún de entre los muertos, le resucitará! (Salmos 46:2,3; 2 Corintios 4:13; Hebreos 11: 17-19; Filipenses 4:6; 1 Tesalonicenses 5:16).

• ¡Borrachos y tontos!

➢ Isaías 28:1-13.

El Señor, a causa de la negativa de Efraín (Israel) de entrar a su Reposo, se refiere a ellos como:

1. A un aturdido y ebrio (Vs.1).
2. Quien ha entontecido (Vs.7).
3. A niños de pecho con necesidad de amamantar (Vs.9).

4. Quienes tienen necesidad de ser enseñados a leer y escribir la ley (Vs.10).
5. A quienes se les debe hablar en otro idioma, ya que el propio no lo entienden (Vs.11).
6. Como quienes caerían de espalda y serían quebrantados, enlazados y presos (Vs. 13).

> Isaías 28.[12]a los cuales él dijo: Este es el reposo; dad reposo al cansado; y este es el refrigerio; mas no quisieron oír.

Ciertamente, los Judíos estaban "cansados" a causa de la continua amenaza y destrucción de la guerra, como la invasión Siro-israelita. Sin embargo, el "Reposo" al que el profeta Isaías se refiere; es aquel que se encuentra en la tranquilidad que obtenemos cuando nuestra seguridad y confianza está en Dios.

En ambos casos, y como respuesta ante un pueblo que optara por poner sus cargas y temores sobre su Día Bendito, Dios se comprometía a rodearles de paz, descanso y refrigerio. Sin embargo, … ¡Ellos no quisieron oír! (Vs.12).

La propuesta divina era clara; este era el momento preciso del pueblo para detenerse y alcanzar Salvación. Aquí les tengo un lugar de descanso, ha dicho el Señor: ¡Reposen ustedes y también dejen reposar al que lo necesita!

A pesar de ser este un mensaje entregado justo en el momento correcto, la Escritura nos afirma que ellos lo rechazaron. Y en lugar de ser estos bendecidos y liberados de sus temores por la palabra de sanidad revelada, ahora esta les sería por juicio.

El Reposo de Dios

Ellos estaban a punto de ser quebrantados, enlazados y presos en la palabra profética ante la cual caerían de espaldas como ebrios (Vs.13).

¿A quién se enseñará ciencia, y a quién se le hará entender doctrina? Si, el liderazgo, no había sido capaz de entender el mensaje divino, ¿Acaso se habría de enseñar a los niños? ¿Quizá sería mejor enseñar a los recién nacidos?

De ahora en adelante, el Señor habría de enseñar a su pueblo un nuevo lenguaje de fe, simple y práctico. Quién lo creyere sería bendecido y quién no lo creyere sería quebrantado (Vs.12,13).

• Tiempo de Coaliciones

✓ *Israel y Egipto, en contra de Asiria*
➢ *Isaías 30:1-17.*

Como hemos visto anteriormente, ni Jerusalén, ni Israel quisieron entrar en el Reposo que Dios ofreció, atrayendo ellos con esta decisión más dolor y miseria sobre sí; y todo esto a causa de su orgullo y rebeldía.

El capítulo treinta de Isaías comienza mostrando los sentimientos de dolor, misericordia y el reproche divino hacia un pueblo que continuamente rechazaba el cuidado y protección ofrecido por su Dios.

Por esta razón, la queja divina en boca de su profeta pronto se dejaría oír: ¡Ay de los hijos rebeldes que se apartan, y que toman *consejo, pero no de mí!,* Israel buscaba seguridad, pero lo hacía fuera del Señor, buscaba cobertura y protección, pero no bajo la cobija de su Dios (Vs.1).

Cada vez que se les ofrecía consejo y ayuda, se alejaba hacia la dirección contraria. Por este motivo, con cada uno de sus pactos y alianzas, solo añadían más pecado a su pecado y más quebranto a un futuro lleno de dolor.

El Señor, conociendo la rebeldía y el alejamiento de su pueblo, les afirma con toda claridad que: "la sombra de Egipto y la fortaleza de Faraón se tornaría en vergüenza y el tan esperado amparo en confusión" (Vs. 2,3).

> Isaías 30. [7]Ciertamente Egipto en vano e inútilmente dará ayuda; por tanto, yo le di voces, que su fortaleza sería estarse quietos... [15]Porque así a dicho Jehová el Señor, el Santo de Israel; En descanso y en reposo seréis salvos; en quietud y en confianza será vuestra fortaleza. Y no quisisteis.

El llamado que repetidamente y a voces el Señor hace es suficientemente claro: "en nadie, más que en Dios, su pueblo encontrará un verdadero refugio."

El cobijarse en Egipto en apariencia era una buena decisión, sin embargo, el único y sabio Dios es quien les dice: "No funcionará". Solamente en mí tendrán Seguridad, Reposo y Salvación. *¡Estense quietos... y serán fortalecidos! ¡Solamente crean... y salvos serán!*

¿Acaso no se parece este relato a situaciones decisivas que acontecen a diario en nuestra vida, sociedad, y aún entre las naciones hoy? Son muchos los momentos en que necesitamos soluciones, y tal como Israel, al no saber cómo reposar y ser guiados, causamos que las cosas antes de mejorar empeoren.

El Reposo de Dios

Razón tuvo Salomón cuando sabiamente nos aconseja fiarnos del Señor de todo corazón y no apoyarnos en nuestra propia prudencia (Proverbios 3:5).

Nuestras decisiones no deben buscar únicamente resultados a corto plazo como lo hizo Israel. Más importante aún, antes del próximo paso, debemos considerar sabiamente todas las implicaciones a mediano y largo plazo.

Pero ¿cómo sabré si estoy en su descanso o no? Para conocer la respuesta a tan importante pregunta, miremos el desarrollo de los asombrosos acontecimientos que tuvieron lugar bajo el reinado del rey Saúl, el liderazgo de Moisés, y el ministerio del profeta Isaías.

• Cinco pasos hacia la derrota

- *Saúl pierde su reinado*
- *1 Samuel 13.*

En el rey Saúl, se cumple un ciclo que lo hace deslizarse desde lo más alto de su reinado hasta lo más bajo de una caída muy dolorosa que lo lleva hasta la humillación de su destitución.

En el segundo año de su reinado, Saúl, junto al pueblo de Israel y dos mil hombres preparados para la batalla, se encuentran a punto de enfrentar el enorme ejército Filisteo. Al estar tan difícil la situación, el ciclo de la derrota se cumple en ellos aún antes que la batalla hubiese comenzado.

A pesar de estar bajo la protección divina, el rey Saúl, afronta tan decisivo conflicto dejándose llevar completamente por lo que veían sus ojos y no por la fe en su Dios.

La forma en que actuó Saúl le causaría gravísimas consecuencias en cuanto a la pérdida de su reinado, y resultados dolorosos para su familia en general (1 Samuel 31:2-6).

En este escenario bíblico, en que aparecen como personajes principales el Rey Saúl y el profeta Samuel, se nos describe como un punto positivo que todo el pueblo de Israel se había reunido atendiendo al llamado de Saúl en Gilgal.

La parte negativa, según se nos narra, se encuentra en que los Israelitas eran ampliamente superados, pues los filisteos tenían numerosos carros, caballos, y además era un "pueblo numeroso como la arena que está a la orilla del mar" (1 Samuel 13: 4,5).

✓ El ciclo hacia el fracaso se presenta de la siguiente forma: 1-POR VISTA. El pueblo filisteo era pueblo numeroso "como la arena del mar," entonces los Israelitas *vieron* que estaban en desventaja y ampliamente superados en todo.

Ante los ojos de los Israelitas se encontraba un ejército compuesto por:

a. Treinta mil carros listos para la batalla.
b. Seis mil hombres de a caballo.
c. Y, además, como si esto fuera poco, también ellos vieron un pueblo tan numeroso que no se podía contar (como la arena que está a la orilla del mar).

Tal fue la desigualdad militar y numérica que ellos enfrentaban que, en su temor y desesperación, no pudieron más que esconderse en cuevas, fosos, peñascos, en rocas y también en cisternas. En otras palabras, Israel, aún antes de comenzar la

El Reposo de Dios

batalla, ya estaba vencida *por aquello que estaba en frente de sus ojos* (Vs. 5,6).

2-EL TEMOR. Al ver los Israelitas al formidable ejército filisteo con sus carros y hombres de a caballo se asustaron de tal manera que el pueblo *iba tras Saúl temblando*. Tan terrible era la situación que, en su desesperación se dispersaron y buscaban esconderse en cuanto escondrijo podían encontrar.

> 1 Samuel 13. ⁷... pero Saúl permanecía aún en Gilgal, y todo el pueblo iba tras él temblando.

3-EL DESÁNIMO. Para complicar aún más las cosas, la Escritura nos relata que *aquellos que quedaban aún comenzaron a desertar* (Vs.11).

La gran realidad es que, en el pueblo, no existía el valor ni la fe necesaria para enfrentar a un enemigo que con su poderío les había hecho entrar en un ciclo de duda, temor y desmayo espiritual.

Creer más a sus ojos, que, a la fe, sería la escalera descendente que les llevaría paso a paso hacia el fracaso y por último a su derrota total.

El profeta Samuel debía de presentarse ante Saúl y ofrecer holocaustos y ofrendas de paz para Dios, que favorecerían al pueblo y su victoria en la batalla. Pero al cumplirse el plazo señalado, Saúl, ante la presión de sufrir un ataque del enemigo en cualquier momento y entendiendo el temor, desánimo, y el desmayo anímico y espiritual en que el pueblo había caído, no pudo esperar más. Por esta razón -y justo antes que el profeta

Samuel se presentara- Saúl ofreció sacrificios *que no le eran permitidos al rey ofrecer.*

Justo al momento en que llega, Samuel (al darse cuenta de la arrogancia e imprudencia mostrada por Saúl al ofrecer sacrificios y suplantar el oficio profético) le dice: ¿Qué has hecho? Saúl, en ese momento, todavía temeroso y bajo razonamiento humano, responde: ¡Como vi que el pueblo desertaba, y que tú no venías en el plazo señalado, entonces me esforcé y ofrecí holocaustos al Señor! (Vs.11,12).

Del evento anterior sucedido a Saúl podemos deducir que el esfuerzo mal direccionado nos puede llevar a la desesperación y al fracaso. Las buenas intenciones, son solo el inicio de aquello, que, unido a un trabajo inteligente, puede producir excelentes resultados.

4-EL DESMAYAR. Estado de inconsciencia al cual la Biblia nos exhorta a no caer sino a permanecer firmes, imitando el ejemplo de Jesús de tal manera que: *"no se canse nuestro ánimo hasta el grado de desmayar"* (Hebreos 12: 3).

Cuando el ánimo se cansa hasta el extremo del desmayo, es cuando el creyente actúa en estado inconsciente, o sea fuera de sí, fuera de la prudencia y de su razonamiento normal.

Saúl, producto de ver las desventajas numéricas y militares entre Israel y el ejército Filisteo, comienza a flaquear. Además, viendo este que el pueblo le desertaba; no supo esperar hasta el fin del plazo señalado por Samuel y ofreció holocaustos que al rey no le eran permitidos ofrecer; para Samuel el acto de Saúl no era más que una locura producto de la impaciencia, la arrogancia y falta de fe de un rey que había actuado "locamente" (Vs.13).

5-EL FRACASO. Todo este ciclo que toma lugar en Saúl da como resultado su fracaso y destitución (Vs.14).

Las malas y precipitadas decisiones de Saúl no solo le hicieron perder su reinado, sino que a la postre traerían aún más dolor y tragedia para él, para sus hijos y toda su descendencia (1 Samuel 31:1-13; 2 Samuel 9:1-13).

• Actuando fuera de sí

- ✓ *Los doce espías*
- ➢ *Números 13.*

Al hacer un análisis, del reporte que dieron diez de los doce espías enviados por Moisés a reconocer y describir la tierra prometida al pueblo de Israel, nos damos cuenta de que la causa que les impidió entrar a su reposo temporal (la tierra prometida), fue los mismos cinco pasos del ciclo hacia la derrota que afectaron a Saúl.

Ellos también reaccionaron a sus sentidos naturales cuando dejándose llevar por sus ojos; lo primero que *vieron* fue los muros y luego a los gigantes, haciéndoles esto olvidar rápidamente la fe que profesaban a su Dios.

La Escritura afirma que cuando ellos regresaron al campamento, hablaron mal al pueblo de Israel. En este caso específico, el único modo "de no hablar mal" hubiera sido hablar con la confianza y posicionamiento que nos da la fe (Números 13: 28-33).

Tener sus ojos puestos en el reino de lo temporal fue la causa directa de su temor, desánimo, y desmayo espiritual. Primero, no quisieron actuar teniendo a Dios como su capitán y ayudador.

Pero, sí lo hicieron, ¡una vez que Él mismo se había apartado de ellos!

Podemos notar que, en este estado de confusión y desmayo, ellos, al igual que Saúl "actuaron alocadamente."

1. *Primero, no quisieron ir a la batalla con Dios.*

Ante el reporte entregado por los diez espías, Caleb hace callar al pueblo y los invita a subir y poseer la tierra diciendo: "porque más podremos nosotros que ellos." Mas los varones que subieron con él, dijeron: No podremos subir contra aquel pueblo, porque ellos son más fuertes que nosotros (Números 13:30,31).

2. *Irónicamente, cuando Moisés ordena a los Israelitas no ir (ya que Dios se había apartado de ellos), es cuando deciden aventurarse hacia un fracaso inevitable.*

La orden que se les entrega es: "no subáis, porque el Señor no está en medio de ustedes" no vayan pues si lo hacen, serán heridos; sin embargo, en su obstinación y rebeldía, y a pesar del mandato divino, decidieron ir a la batalla (Números 14:42-45).

Uno de los problemas más notorios en la vida del hombre tiene que ver con la incapacidad de actuar en el momento correcto. El sabio Salomón afirma que el tiempo y la oportunidad llegan a todos los hombres, por lo que actuar en el momento propicio es esencial a la hora de alcanzar las metas (Eclesiastés 9:11).

Cómo podemos notar, este fue el gran problema de Israel; cuándo estos debieron de mostrar valor, no sacaron fuerzas de sí, y cuando debieron estar quietos y repensar su situación, no lo quisieron hacer.

El Reposo de Dios

Tal actitud, y falta de control emocional y espiritual, conllevaría al pueblo a sufrir una devastadora derrota a manos de los habitantes de aquella tierra. Además, y por si esto fuera poco, también sufrieron el fracaso de tener que aplazar su entrada en la tierra de su descanso temporal.

• El profeta Elías pierde su ministerio

➢ *1 Reyes 19:1-16.*

En este relato, Acab, rey de Israel, le dice a su esposa en detalle todo lo que había logrado hacer el profeta de Dios en el Monte Carmelo (1 Reyes 18:20-40; 19:1,2).

Jezabel, al oír las noticias de lo que Elías había hecho a sus profetas, y todavía ardiendo en ira, envía su mensajero advirtiendo a Elías: "Así me hagan los dioses, y aun me añadan, si mañana a estas horas yo no he puesto tu persona como la de uno de ellos."

La amenaza no pudo ser más específica y directa; Jezabel había determinado que al profeta Elías le quedaba un máximo de 24 horas. Sorpresivamente, ante la amenaza proferida por la esposa del rey, el gran profeta Elías reacciona de la forma más inesperada y, lleno de temor, huye al desierto para salvar su vida.

Si revisamos cuidadosamente la historia de los últimos días ministeriales del profeta Elías, nos daremos cuenta de que él, también enfrentó, un ciclo semejante al de Israel y el rey Saúl.

➢ *1 Reyes 19:3,4,15,16.*
1. Viendo, pues, el peligro (vista) Vs.3.
2. Se levantó y se fue para salvar su vida (temor) Vs.3.

3. Se fue al desierto… y se sentó debajo de un enebro (desánimo) Vs.4.
4. Y deseando morirse, dijo; Basta ya, oh, Jehová, quítame la vida (desmayo) Vs.4.
5. Y le dijo Jehová: Ve… y a Eliseo… ungirás para que sea profeta en tu lugar (fracaso) Vs.15,16.

Cabe destacar que esta actitud de desconfianza de Elías fue un evento aislado, no así en la vida de Saúl o el pueblo de Israel, que se caracterizó por su desobediencia. Sin embargo, esto prueba que hay momentos determinantes en que hasta los grandes hombres deben de refugiarse y poner su confianza solamente en Dios.

Es esencial saber utilizar este termómetro espiritual del 1 al 5 para así poder medir nuestro grado de confianza en Dios y si es que realmente estamos viviendo por fe y no por vista, manifestando así *una vida de Reposo* ante su presencia.

Recordemos el viejo dicho: "Prevenir la enfermedad, es mucho mejor que curarla." Cuando por incredulidad faltamos en contra de la Ley de Vida y de nosotros mismos, nos privamos del camino fácil y sus obras preparadas de antemano (Romanos 8:2; Efesios 2:10).

Caso contrario, sucede cuando por creer a la fe, no solamente nos ahorramos los problemas en los cuales podríamos haber caído, sino que también recibimos bendición como resultado directo de nuestro buen accionar (Josué 1:8; Deuteronomio 4:1; 5:3; 8:1; Amós 5:14).

El Reposo de Dios

El pueblo de Israel fue un vivo ejemplo del enorme daño causado por una diminuta y hasta desapercibida grieta en una alta e imponente pared.

No olvidemos que Israel había sido llamado a ser exaltado entre las naciones. Sin embargo, y a pesar de esta gran verdad, Isaías (30.9) profetiza: Porque este pueblo es rebelde… no quisieron oír …[13] por tanto, os será este pecado como grieta que amenaza ruina, extendiéndose en una pared elevada, cuya caída viene súbita y repentina.

Este pasaje bíblico nos debería hacer recordar que nada puede dañarnos a no ser que nosotros mismos desde nuestro interior lo permitamos. Las circunstancias o los individuos que nos rodean y sus acciones, no son la causa de nuestra ansiedad o malestar; la responsabilidad de mantener la pared elevada y en buena condición es nuestra y de nadie más.

En resumen, no importa cuán imponente se vea la pared, si existe un desnivel o falta de equilibrio en su diseño, el problema debería ser prontamente corregido y la grieta sabiamente sellada. Después de lo cual, veremos que la ley de la causa y el efecto nos mantendrá inamovibles y triunfantes en la paz y el Reposo que viene de Dios.

Capítulo 5. Entrando a su Reposo

- Pareciera que algunos no han entrado
- El hombre que no supo descansar
- Creer Primero; ¡Hacer después!
- El Día de Reposo es Hoy
- Si oyereis Hoy su voz
- Cristo, el Camino hacia el Reposo de Dios
- Habacuc, un hombre que conocía su Posición
- Doble seguridad de Salvación
- "La Ley de lo Opuesto"
- ¡Completos en Él!
- La Tropopausa
- Dejándonos llevar

Capítulo 5. Entrando a su Reposo

• Pareciera que algunos no han entrado

Tomando como ejemplo el momento en que los antiguos padres judíos no alcanzaron el cumplimiento de la promesa, el escritor de la epístola a los Hebreos les da una fuerte advertencia diciendo: "Temamos, pues, no sea que, permaneciendo aún la promesa de entrar en su reposo, alguno de vosotros parezca no haberlo alcanzado" (Hebreos 4:1).

El *parecer aquí descrito* denota la incertidumbre y la falta de firmeza en que se encontraban los hebreos. ¿Había ellos experimentado el verdadero Reposo de Dios o no? ¿Cómo saber quién ha pasado de una forma de creencia religiosa a una completa y unificadora experiencia, con el Día Bendito de Dios?

Muchos años han pasado desde que una persona muy querida me dijo: Primero nos dicen que somos salvos, luego que debemos luchar por la Salvación para ganarla; ¡La vida cristiana es demasiado compleja y difícil de vivir!

Recuerdo que después de meditarlo un poco, le respondí: "Si usted lleva las dificultades solo, entonces sí." Pero si permites que Dios tome tus preocupaciones, la vida cristiana será fácil, ¡Sin constantes y desagradables altibajos! (Mateo 11:29,30; Isaías 42:16; 57:14; 62:10).

La base de las buenas noticias del Evangelio radica en que Dios nos ha llamado a descansar, y en que Él nos ha dicho que cuando aprendemos su secreto, el yugo se vuelve fácil y ligera su carga.

Continué diciéndole a esta persona: Yo creo que, si a usted se le hace difícil la vida cristiana, es porque está llevando cargas que no debería llevar.

La Escritura es clara en que todo lo que viene a nuestra mano "para hacer," debemos hacerlo según nuestras fuerzas. De esta sabia declaración, debemos aprender, que todo aquello que va más allá de nuestra capacidad y que no ha sido puesto en nuestra mano, ¡debemos dejárselo a Dios! (Eclesiastés 9:10).

Sin duda que, existen muchas cosas que nos gustaría mejorar en nuestra vida y la de nuestros seres amados. Pero debemos de dejar que el tiempo ponga cada cosa en su lugar, y no perder nuestra tranquilidad, en cosas que no han sido puestas en nuestra mano para cambiar (Eclesiastés 3:1-15).

Entender los tiempos de Dios (porque todo lo que se quiere bajo el cielo tiene su hora), y el presente continuo en el que se produce el Descanso Divino puede inclinar la balanza en cuanto al éxito, la salud y la calidad de vida que vivamos (Hebreos 4:7-10).

El fracaso, o la victoria, dependerá en gran medida de comprender y aplicar la sabiduría que rodea su propósito eterno y de si nos entregamos voluntariamente o no a su cuidado y bendición.

Jesús, afirmó que, si alguno ha de disfrutar de los ríos de agua viva y su poder, este deberá primeramente creer al diseño de Dios revelado en la Escritura (Juan 7:38; 4:13; Salmos 1:3; Jeremías 17:7,8; Ezequiel 47:1-12; Apocalipsis 22:2).

Sin duda, la forma en que conocemos a Dios y su palabra determinará cómo nos vemos y nos sentimos ¡acerca de nosotros mismos y de los demás! (Efesios 3:14-19).

No debemos de olvidar, que la plenitud de la gracia y la verdad vino solo a través de la promesa reunificadora cumplida por Dios en Cristo (Juan 1:17, 29; Efesios 1:10; 2 Corintios 5:19).

De manera que, el modo en que conozcamos y reflejemos nuestra vida en la imagen y semejanza de Dios, será lo que finalmente determine nuestra firmeza y confianza para con el Padre, ¡y su extraordinario Día de Bendición y Perfección! (Efesios 1:17-19; 3:14-19; 4:13).

Es tan importante conocer la perfecta voluntad del Todopoderoso que el mismo Jesús afirmó que la vida eterna consiste en conocer al Padre y a Cristo como su Hijo (Juan 17:3; 1 Corintios 8:6; Efesios 4:5,6). El cual siendo Alfa y Omega ha sido designado por Dios, cabeza representante de la nueva creación, y último Adán (Gálatas 6:15; Colosenses 1:15).

Para el creyente es esencial comprender y aprovechar las verdades que se esconden más allá de lo básico. Debemos darnos cuenta de que, no importará cuán noble y bien intencionada pueda ser nuestra causa. Si nuestros conceptos de conocimiento y verdad no producen resultados efectivos, al final estos serán de muy poco valor (Romanos 12:2).

Cuando el hombre lucha con sus propias fuerzas y no permite que el Día de Reposo trabaje a su favor, el resultado final mostrará que, con los recursos divinos, este habría logrado un mayor éxito (Colosenses 1:29; Joel 3:10).

No olvidemos, que, durante el pacto de la ley, quien quebrantara el Reposo trabajando o llevando cargas, moría irremisiblemente (Números 15:32-35). De igual manera, hoy, todo aquel que no haya entregado sus pesadas cargas y cesado sus obras pronto perderá ¡el disfrute de vivir! (Hebreos 4:10).

El peso de las cargas diarias afecta no solo la calidad de vida del hombre sino también su salud. Cuando se acumulan una preocupación tras otra, estas se convierten en la causa directa de un alto porcentaje de padecimientos que reducen su bienestar físico y emocional.

• El hombre que no supo descansar

A mi corazón viene una anécdota que escuché en mi niñez y que a continuación entro a relatar: Se dice que, bajo un brillante sol de un día de verano, un hombre cargaba en sus hombros una pesada carga, la cual debía llevar por un largo camino. Al pasar una carreta tirada por caballos, el cochero que la guiaba movido a misericordia le invitó a subir.

Aquel hombre, sin pensarlo dos veces y con alegría de corazón, ingresó por la parte trasera de la carreta, y el viaje continuó. Justo antes de llegar a su destino, el dueño de la carreta miró hacia atrás, percatándose que su invitado sudaba de cansancio por el peso de la carga; "que aún llevaba sobre sus hombros."

Sin poder creer lo que veía, el cochero muy respetuosamente dijo: Disculpe, buen hombre, ¿por qué todavía lleva la carga sobre sus hombros y no la ha puesto en el piso? Mientras se limpiaba la cara sudorosa, este hombre respondió: mire usted; Yo pienso que ya es bastante con que usted me haya permitido subir a su carreta; Yo, ¡No podría poner aún más peso sobre estos caballos!

• Creer Primero; ¡Hacer después!

Muchas veces y durante muchos años, hemos llevado sobre nuestros hombros, las cargas que el Cristo bendito ha tomado sobre sí mismo, al pagar por cada una de ellas en el madero. La Escritura es clara en afirmar que *"el castigo de nuestra paz fue sobre él"* (Isaías 53:5).

Razón por la que "todo nuestro esfuerzo" no añadirá cosa alguna al sacrificio perfecto ofrecido y consumado por Dios desde el principio de la creación (Apocalipsis 5:12; 1 Pedro 1:20; Hebreos 9:26; Génesis 3:21).

Mucho bien nos haríamos en dejar de querer hacer, y en su lugar comenzar por creer. Después, de lo cual seguramente, seremos capaces de alcanzar muchas de aquellas metas con las que solo podíamos soñar.

Juan, en su evangelio, nos relata que Jesús conocía, que muchos de los que se habían beneficiado del milagro en que los panes fueron multiplicados, le seguían por interés.

Jesús, sabiendo estas cosas mirándolos, les dice: "trabajen, pero no trabajen por la comida que perece, sino por la que a vida eterna permanece" (Juan 6:26,27).

Ellos al escuchar estas palabras de la boca del maestro, preguntan: ¿Qué *debemos hacer para realizar* las obras que Dios quiere que hagamos? Es en este momento que Jesús les aclara, que el principio fundamental para hacer las obras de Dios es creer (Juan 6:28,29).

Los hombres hablaron de *hacer* para agradar a Dios; Jesús habló de *creer*, lo cual implica aceptar la palabra dicha por Dios desde su Día Bendito. El Día en que el Todopoderoso destruyó toda sombra de duda e inseguridad al declarar que "todo era muy bueno" (Génesis 1:31).

En resumen, todo ha sido creado a través de la fe "y sin ella es imposible agradar a Dios" (Hebreos 11:3,6).

Por más difícil que nos resulte comprender, una vez que hemos entrado en su Día Perfecto, las pesadas cargas o responsabilidades por el éxito de nuestra vida. La de nuestros hijos, familia, o seres amados habrán sido tomadas fuera de nuestras manos, *por lo que ya no están bajo nuestro control sino el de Dios* (Isaías 28:12; 30:15).

> Hebreos 4. ⁹Por tanto, queda un reposo para el pueblo de Dios. ¹⁰Porque el que ha entrado en su reposo, también ha reposado de sus obras, como Dios de las suyas.

• El Día de Reposo es Hoy

> Hebreos 4.⁷*otra vez determina un día: Hoy*, diciendo después de tanto tiempo, por medio de David, como se dijo: *Si oyereis hoy* su voz, No endurezcáis vuestros corazones.

El escritor a los hebreos, teniendo en cuenta el Reposo del Eterno para el hombre a través de Cristo, sabiamente señala al

El Reposo de Dios

Día Séptimo para posteriormente asociarlo con el Hoy de Dios (Hebreos 4:4).

Este es el Día Incomparable y Perfecto, que no tuvo su origen ni su fin en Moisés, Josué, la tierra de Canaán, o los tiempos Apostólicos. ¡Día de fe, de creatividad, de transformación y victoria sin igual!

Por tanto, ¡entremos todos al Gran Día del Señor! Día en donde las tinieblas se convierten en luz, y quien está postrado, es levantado y sentado en lugares celestiales de gobierno y autoridad con Cristo en Dios.

Por su incredulidad y dureza de corazón, el pueblo de Israel no pudo conocer el Reposo divino (Hebreos 3:11). Por esta sencilla e innegable verdad, tampoco pudo disfrutar permanentemente de su reposo terrenal (Canaán).

Israel debió haberse afianzado espiritualmente primero y no solamente fijar su vista en lo terrenal. A este principio de gran sencillez apeló Jesús cuando expresó: Más buscad primeramente el reino de Dios y su justicia, y todas estas cosas os serán añadidas (Mateo 6:33).

Parafraseando las palabras dichas por Jesús, entendemos que, para lograr éxito en el campo material, lo primero que se debe construir es un buen fundamento espiritual. Poner lo material antes que lo espiritual no es otra cosa más que debilitar la grandeza establecida en el orden divino y su ley de vida y eternidad (Habacuc 1:4; Romanos 8:2).

La falta de este fundamento fue lo que finalmente causó que la generación de Moisés no entrara a la tierra prometida. La epístola a los hebreos, en sus capítulos 3 y 4, muestra que el pueblo de Israel no pudo entrar al Reposo que Dios le había preparado esencialmente por tres motivos de suma importancia.

- ✓ *Tres razones por las que Israel no conoció el reposo*
1. *Incredulidad.*

El texto en Hebreos (3:19) nos relata como el pueblo de Israel, bajo la dirección de Moisés, no pudo entrar a la tierra de reposo y bendición a causa de la incredulidad.

La parte inquietante de esta historia radica en el hecho de que cuando se les ordenó poseer la tierra prometida, se rebelaron y dijeron: "No iremos". Y cuando se les dijo "que no fueran", es cuando se encaminaron ciegamente hacia la muerte (Números 14:39-45; Deuteronomio 1:41–46).

2. *Falta de Fe.*

Según Hebreos (4:2), la otra razón por la que no entraron fue porque a pesar de recibir buenas nuevas, el pueblo de Israel no las supo acompañar de fe.

Una buena palabra solamente producirá resultados, en un corazón dispuesto a desafiar la ley que gobierna el mundo de lo pasajero y lo temporal.

3. *Desobediencia.*

Según podemos ver, ya desde aquel tiempo, la puerta hacia el Reposo permanecía abierta, esperando por algunos creyentes indecisos que todavía faltaban por entrar.

La advertencia es directa. Los antiguos padres a quienes primero se les anunció este mensaje, ¡no pudieron entrar! ¡El descuido

El Reposo de Dios

y la desobediencia fueron la causa por la cual no conocieron a Dios y el poder que proviene de su Día Bendito! (Hebreos 4:1-6).

La Escritura, es clara con respecto a que la tierra a la que logró entrar la nueva generación de israelitas solo fue *figura del verdadero Reposo de Dios*. Esta es la razón por la que el escritor a los Hebreos hace un vehemente llamado a que nos exhortemos los unos a los otros cada día, entre tanto que se dice *Hoy* (Hebreos 3:13; 4:7).

- ✓ *El Reposo de Dios a través del tiempo*

No olvidemos, que el continuo, he ilimitado Día de Dios, se originó en El Día Que No Terminó. El Día Bendito en que el Eterno, después de haber puesto su Sello de Perfección sobre toda la creación, ¡finalmente Reposó! (Génesis 2:2,3).

Después de que este maravilloso evento fue registrado en el Génesis, siglos pasaron sin que se hiciera mención alguna del Reposo Eterno y su beneficio espiritual.

Es solo hasta mucho tiempo después que el Salmista amonesta al pueblo de Israel a reconocer el Señorío Divino y las consecuencias que tiene no entrar en su Reposo (Salmos 95: 1-7; 8-11).

Después de que David señala que la puerta para entrar al Día de Dios permanecía abierta, pasan unos mil años hasta que el escritor a los Hebreos hace mención nuevamente del Día Bendito y Perfecto. El Eterno Hoy, el Día que comenzó, ¡pero que no tuvo fin! (Hebreos 4:7,8).

De esta manera se confirma una vez más que el Día de gracia y de fe no solo estuvo disponible para Israel, cuando este pueblo divagaba a través del desierto de la duda y la incredulidad (Hebreos 3:16-19).

Este Día fue válido tanto en los tiempos de Moisés como bajo el reinado de David. ¡Estuvo disponible para la iglesia en el tiempo del apóstol Pablo y también lo está para nosotros *hoy!*

El infinito "Hoy" de Dios no se ha detenido, sino que continúa. Incluso después de tanto tiempo, y mientras la puerta todavía está abierta, existe el peligro que por descuido o por desinterés, el hombre no lo pueda alcanzar.

Aunque el transcurrir del tiempo no puede destruir el Día Bendito y Perfecto, el tiempo -tal y como lo conocemos- también se nos acaba. A causa de esto, la puerta hacia la salvación plena también se comienza a cerrar para muchos (1 Corintios 3:14,15; 1 Timoteo 4:10).

De ahí la importancia de entrar en tanto Dios "determina un día: Hoy" Por lo cual, como dice el Espíritu Santo: "Si oyereis hoy su voz, No endurezcáis vuestros corazones" (Hebreos 3:7,15; 4:7).

Dado el inmenso valor del Día de Reposo, el escritor a los Hebreos, lo describe como evidencia inequívoca de Fe y Salvación en la vida del creyente (Hebreos 3:7-19; 4:1-11).

El Día Perfecto y Bendito de Dios, es tan valioso que, una vez recibido, se transforma en un tranquilo y poderoso rio de "Confort y Seguridad."

Este extraordinario fluir de quietud y serenidad, una vez que se obtiene, será parte de nuestro ser y, por lo tanto, nunca se separa

El Reposo de Dios

de nuestras vidas, ni tampoco se llega a perder (Isaías 43:18,19; Ezequiel 47:1-12; Juan 4:4; Apocalipsis 21:6; 1 Corintios 6:19).

Por haberse originado en el presente continuo de Dios, la autoridad y validez que encierra este Día ha sido la misma desde el principio de la creación y a través de los tiempos.

La gracia y plenitud de su Reposo se encuentran aquí y ahora; sus beneficios no son para mañana, ni siquiera para dentro de una hora. Este es un regalo que, aunque ha estado presente desde el principio de los tiempos, no se puede dejar para después.

Entremos en tanto la puerta se mantenga abierta; una vez que los ojos se cierren permanentemente, no habrá modo alguno de entrar a él. ¡Esta es una oportunidad de oro en la que hay todo que ganar y nada que perder!

Sin lugar a duda, el Día de Reposo, ha sido la Luz Resplandeciente, el Sol de Justicia y Sello Divino, que como Alfa y Omega nos ha acompañado desde el principio de la creación (Juan 1:4,9; 3:19; Malaquías 4:2; Apocalipsis 22:13,16).

> Recuerde, ahora es el tiempo aceptable; ahora es el día de salvación (2 Corintios 6:2). El día de mañana es el hoy de Satanás, al cual no le importará cuan buenas decisiones usted tome, siempre y cuando sean dejadas para hacer el día de mañana. Comentario Exegético y explicativo de la Biblia. Pg. 620. Jamieson, Fausset, Brown.

• Si oyereis Hoy su voz

Debido a la gran importancia y poderoso efecto que el Reposo ejerce sobre la vida del creyente, el escritor a los Hebreos advierte en su carta, no una, sino hasta en tres ocasiones seguidas acerca de la necesidad que tiene el hombre de abrir su corazón y rendirse a la Salvación que viene del Reposo de Dios (Hebreos 3:7,15; 4:7; Colosenses 3:15).

La Escritura es clara al afirmar que todavía queda un Reposo para el pueblo de Dios, y que también algunos faltan por entrar (Hebreos 4:6;7-9). De ahí la importancia de entrar en su Día Bendito, en tanto se encuentre a nuestro alcance el "Hoy" de la oportunidad.

Ya desde tiempos antiguos la voz del Señor se había dejado oír a través de Moisés, quién declara al pueblo de Israel la necesidad de obedecer una palabra que no estaba lejos, sino esperando por abrazarles desde dentro de sus corazones.

De esta manera, Moisés los anima a escuchar la voz interior de Dios para que elijan la senda de la vida y el bien para ellos y su descendencia (Deuteronomio 30:11-20).

Hoy, como nunca, debemos comprender que somos nosotros quienes determinamos el grado de éxito en nuestro camino. La balanza habrá de inclinarse, de acuerdo con nuestra determinación de usar adecuadamente los recursos provistos a través del ¡Día Que No Terminó!

• Cristo, el Camino hacia el Reposo de Dios

✓ Mateo 11.²⁸Venid a mí todos los que estáis trabajados y cargados, y yo os haré descansar.

Según el Nuevo Testamento, todas las cosas tienen su origen y alcanzan su renovación final en Cristo (Juan 1:1-3; Colosenses 1:16; Apocalipsis 1:8; Romanos 8:29). A través de Él, toda la creación, siendo reunificada obtiene una nueva dimensión de equilibrio y armonía (2 Corintios 5:17; Gálatas 6:15; Efesios 1:10; Colosenses 1:20; 3:2).

En este lenguaje de fe posicional, el creyente debe entender que no solamente lo cielos y la tierra han sido reconciliados, sino también su alma y espíritu han sido reunificados al Día Perfecto de Salvación y Victoria.

La obra consumada de Jesús ha sido no solo la puerta del reencuentro, sino también el camino mediante el cual el día sexto, el día de luto y oscuridad, ha llegado a su fin (Mateo 27:45; Juan 14:6; 19:28,30).

El pueblo hebreo a veces, parecía ver a través de la fe y, en ocasiones, creía solo en la vista de lo terrenal y temporal. A ellos se les recuerda que la duda fue lo que les impidió a sus padres heredar, razón por la que en su indecisión perecieron en el desierto (Hebreos 3:7-19; 4:1-11).

De esto aprendemos, que la vida cristiana no se fundamenta sobre ilusiones o lo que pareciera ser. La vida cristiana se trata de nuestra firme determinación y correcto posicionamiento en la fe creativa de Dios y su Palabra de Consumación.

Es nuestra elección voluntaria de confiar plenamente en Dios, la que nos hace morir a la duda y la incertidumbre propia de nuestra humanidad.

Solamente quien descansa en su Palabra de vida podrá experimentar *desde el Hoy de Dios* los beneficios del maravilloso Reino ¡de lo que es Eterno e Inconmovible! (Gálatas 2:20; Hebreos 11:27; Colosenses 1:13; 2 Timoteo 1:10).

> Hebreos 4. [1]Temamos, pues, no sea que, permaneciendo aún la promesa de entrar en su reposo, alguno de vosotros parezca no haberlo alcanzado. [10]Porque el que ha entrado en su reposo, también ha reposado de sus obras, como Dios de las suyas. [11]Procuremos, pues, entrar en aquel reposo, para que ninguno caiga en semejante ejemplo de desobediencia.

Así como Dios reposó de su obra en la creación, quien confía en el Cristo Eterno y su obra restauradora descansa en lo que Dios ha hecho por él.

Quien haya puesto su confianza en esta medida de fe (Efesios 4:13) ha cesado en la búsqueda de la Salvación por sus propios esfuerzos y ha comenzado a depender diariamente de la fuente inagotable que sustenta la vida misma y toda la creación (Romanos 11:36; Colosenses 1:15-20; Hebreos 1:2,3; 4:7-10).

Queda por tanto comprobado que la fe, y su lenguaje posicional de la promesa consumada, nos deja saber que la puerta al ¡Día Que No Terminó continúa abierta!

Todo aquel que ha dispuesto su corazón a entender los misterios de Dios podrá encontrar, a través del Día Perfecto y Bendito

El Reposo de Dios

la gloria de una completa y total transformación (Efesios 4:24; Romanos 8:29; 13:14; Génesis 1:26; 2 Corintios 3:18; Gálatas 4:19).

> El reposo ya en esta vida nos es dado en Cristo. Comentario Exegético y explicativo de la Biblia. Pg. 622. Jamieson, Fausset, Brown.

Es esencial entender que las decisiones que tomemos hoy indudablemente afectarán nuestro futuro. ¿Cómo poder asegurar que quién no haya encontrado Su Reposo en esta vida lo encontrará en la venidera? Quien entre a su Día Perfecto, está bajo la acción liberadora de su divina Salvación, y por tanto reposando.

> *Los que hallan la salvación y la nueva vida en Cristo* comienzan a experimentar (su reposo) aquí y ahora mismo. Esa posesión es actual, comenzando así a disfrutar de las bendiciones que todavía están por consumarse futuramente en su forma plena. Nuevo Comentario Bíblico. Pg.890. Editado por D. Guthrie - J. A. Motyer

Los israelitas no encontraron el Reposo divino -ni ninguno de sus beneficios- debido a la dureza de su corazón y su falta de fe. Toda aquella generación, habría de perecer sin haber llegado a conocer lo mejor de Dios, ¡y su Día sin Fin!

Hoy, al igual que ayer, solamente aquel que está dispuesto a experimentar la verdad de sus promesas, podrá apropiarse, *de la primera bendición proferida por la boca del Eterno* desde el principio de su creación (Génesis 2: 3).

Jesús es claro al asegurar que, aunque la mayoría cree haber encontrado el camino correcto. Muchos de ellos se pierden por no alcanzar la plenitud de vida preparada desde antes del principio de los tiempos (Mateo 7:13; Juan 10:10; 1 Timoteo 4:10; 2 Timoteo 1:9).

Por esta razón, el mensaje divino, nos hace el emotivo llamado para que en tanto se dice Hoy, en tanto que estamos dentro de esta dimensión de tiempo, entremos a su Reposo.

El porqué de tan vehemente llamado pareciera claro, una vez hayamos salido de este espacio de tiempo, ¡no existirá ninguna otra puerta por la cual se pueda entrar!

> Hebreos 4. ³Pero los que hemos creído entramos en el reposo …⁶Por lo tanto, puesto que falta que algunos entren en él …⁷*otra vez determina un día: Hoy, diciendo después de tanto tiempo...* Si oyereis *hoy* su voz, No endurezcáis vuestros corazones. ⁹Por tanto, queda un reposo para el pueblo de Dios.

• Habacuc, un hombre que conocía su Posición

El nombre del profeta Habacuc puede venir del hebreo *Kjabác* (קוּקְבָּח), que significa abrazo. Es posible también, que Habacuc tenga sus raíces en la lengua semítica acadiana *habbacucu,* que significa: "planta de jardín o árbol frutal."

Sea que su nombre provenga del hebreo o el acadio, en ambos casos, se nos da una idea de la personalidad de este hombre y de su oficio profético.

Habacuc escribió su profecía alrededor del año 600 antes de Cristo. Las circunstancias que rodeaban al profeta eran bastante difíciles, las naciones alrededor de Judá estaban en guerra y Jerusalén estaba a pocos años de su caída a mano del imperio Babilónico.

Una de las características principales del escrito de Habacuc, recae en que este hombre no pasó la mayoría de su tiempo profetizando, sino preguntando y queriendo encontrar respuestas en Dios.

Habacuc antes de convertirse en una "planta de jardín o en un árbol frutal," necesitaba un fuerte y consolador "abrazo" de parte de Dios; en su mente había muchas preguntas y, sobre todo, mucha confusión.

Según el parecer del profeta, la justicia de Dios no estaba produciendo el fruto esperado, y el Creador parecía haberse olvidado de su creación (Habacuc 1: 2-12).

Una de sus mayores inquietudes era por qué el justo padece tanta injusticia. Y por qué el justo, al igual o en proporción mayor que el injusto, ¿también tiene que sufrir? Aquellos eran tiempos muy peligrosos, *y el profeta veía la puerta de Salvación alejarse cada vez más de él.*

La respuesta divina entregada a Habacuc podría ser resumida en: "más el justo por la fe vivirá." Básicamente, lo que se le dice al profeta y al pueblo aquí es: "no fijen su mirada en lo externo, olvídense de las guerras y de la pobreza, y pongan su mirada en mí."

Una vez que el profeta recibe una respuesta satisfactoria, el cambio en su ánimo y el lenguaje que utiliza es altamente notable. Pasando este de la queja, a la gratitud y de estar paralizado a causa de la duda, hasta proclamar: "en sus alturas me hace andar."

En definitiva, existe un enorme contraste entre el modo en que Habacuc inicia su escrito y la forma en que lo termina, evidenciando con esto una profunda transformación espiritual (Habacuc 1:1-4; 3:17-19).

Este hombre ha pasado de la incertidumbre y el desconsuelo a ser un portador del estandarte de la fe. Habiendo escuchado la voz de su Señor, ahora Habacuc proclama con firmeza la Palabra de Salvación.

El profeta fundamenta su mensaje final sobre una visión renovada y altamente posicionada en la fe. En adelante su gozo descansaría solamente en Dios como Salvador. Quien, a su vez, y como respuesta a su confianza, "sobre sus alturas le haría caminar."

A tal extremo, disfrutaba este hombre de "sus alturas" que claramente dice: (Habacuc 3)[17]Aunque la higuera no florezca, Ni en las vides haya frutos, Aunque falte el producto del olivo, Y los labradores no den mantenimiento, Y las ovejas sean quitadas de la majada, Y no haya vacas en los corrales; [18]Con todo yo me alegraré… y me gozaré en el Dios de mi Salvación. [19]…el Señor es mi fortaleza, El cual hace mis pies como de ciervas, Y en mis alturas me hace andar.

El Reposo de Dios

Según podemos ver, este hombre realmente ¡había tomado una posesión consciente sobre su lugar de descanso y bendición! (Efesios 1:3; Colosenses 3:1-3).

Claramente, podemos notar la forma en que el profeta fue capaz de separarse del miedo que proviene de la relatividad cambiante, de aquello que es pasajero y temporal.

Antes, sus pies eran pesados y se arrastraban bajo la duda y el temor; ahora, sus pies son tan livianos que parecieran hacerle volar.

Alrededor de Habacuc, todas las cosas negativas seguían igual. Sin duda que, el cambio no se dio en lo externo. Pero, este si se produjo en la profunda renovación espiritual que vivió el profeta.

Todavía la guerra, la destrucción y el cautiverio estaban aún por llegar a Jerusalén. Sin embargo, no había nada sobre la tierra capaz de quitarle el gozo y la Salvación a este hombre, que pudo experimentar la bondad del Reposo y el consuelo del Día Bendito de Dios.

Para entender aún mejor la transformación que tuvo el profeta Habacuc, debemos comprender que la palabra Salvación en su forma más simple significa: Liberación de todo tipo de mal. De manera que una persona salva, es uno que al igual que Habacuc ha sido liberado -por el Reposo Divino- de toda depresión y angustia terrenal.

La palabra Salvación utilizada aquí por Habacuc proviene del hebreo Yashá (יָשַׁע), que significa: seguridad, libertad, liberación, prosperidad, socorro, salvador, salvo.

De manera que, quien experimenta la Salvación, es uno que ha recibido en la fe el descanso que da la seguridad y la confianza que solo proviene del Señor.

Este hombre conoció de tal modo el Reposo divino, que cuando él decía: "el Dios de mi Salvación." Lo que realmente estaba diciendo es: *No importa lo que pase; Él, es el Dios, ¡que me ha liberado, y que me liberará de todo tipo de mal!* Tal cual Job, Habacuc entendió que poner su confianza en Dios tiene alta recompensa.

Según el Diccionario Manual de la Biblia escrito por Merrill C. Tenney. Pg. 242. La palabra Salvación, teológicamente hablando, significa el proceso mediante el cual el hombre es liberado de todo aquello que interfiere en el goce de las excelsas bendiciones de Dios.

Habacuc, al poner su mirada en la realidad cambiante de lo temporal y a causa del sufrimiento que le rodeaba, pronto dejó de experimentar el gozo de la salvación. Salvación, que únicamente disfrutó; hasta el momento en que pudo ¡apartar su vista de lo terrenal y fijarla en lo celestial!

Ciertamente, los tiempos en que el profeta vivió eran muy peligrosos. Sin embargo, y a pesar de todo esto, este hombre aprendió no solo a fortalecerse a sí mismo, sino que también llegó a ser una fuente de inspiración *y un habbacucu, o ¡árbol frutal dentro del jardín del Señor!*

El Reposo de Dios

• Doble seguridad de Salvación.

✓ *El doble muro y la paz perfecta*
➢ *Isaías 26:1-3.*

El apóstol Pablo en su carta a los romanos (1:16), afirma que el Evangelio es poder de Dios para Salvación a todo aquel que cree. Sin duda que, el Evangelio es el poder de Dios, actuando persistentemente a favor del creyente liberándole de todo tipo de mal.

Es solamente hasta el día que permitimos que su acción liberadora actúe a nuestro favor, que realmente podremos decir, como dijo el profeta Isaías (26) ¹En aquel día cantarán… fuerte ciudad tenemos; *salvación puso Dios por muros y antemuro.* ²Abrid las puertas y entrará gente justa guardadora de verdades. ³Tú guardarás en completa paz a aquel cuyo pensamiento en ti persevera; porque en ti ha confiado.

✓ *Vs.1- Fuerte ciudad tenemos; salvación puso Dios por muros y antemuro.*

La ciudad de Dios es fuerte no por sus muros terrenales sino por los muros impenetrables que se extienden hasta el cielo; ¡La continua acción liberadora de Dios sobrepasa cualquier otra clase humana de defensa!

El Todopoderoso ha construido muros y antemuro a favor de todos aquellos que le conocen. La seguridad del creyente recae en el cumplimiento de la doble promesa, que el Señor ha determinado a favor de los suyos (Isaías 35:8).

Todo aquel que ha puesto su fe en el Altísimo habrá de entender que, si el antemuro pareciera haber fallado, el muro principal le salvaguardará (Romanos 8:28-37; Juan 10:27-30).

El antemuro es una barrera protectora, que, para mayor defensa, se construye delante del muro principal.

Según Isaías, todo el que pone su confianza plena en Dios, habrá de experimentar la grandeza de su Liberación. ¡Quien así haga pronto estará cantando acerca de los beneficios de la fuerte ciudad de Dios! (Isaías 26:1; Colosenses 1:13).

La verdadera alabanza solamente puede brotar de un corazón que está seguro y protegido en Dios y en "su doble Gracia" (Job 38:4,7,10; Hebreos 2:14; Job 10:11; Romanos 8:29; Jeremías 1:5; Juan 6:44; Tito 1:2; Juan 1:17; Efesios 1:4-6; 2 Timoteo 1:9; 2 Corintios 1:15; Juan 1:16).

Quien no se haya apropiado de la doble salvación, difícilmente podrá desarrollar el equilibrio y la tranquilidad que provienen del Día Perfecto ¡El Día Que No Terminó!

Estar posicionado en el Reposo divino, quiere decir que los vientos contrarios de la vida solo merecen nuestra atención cuando exaltamos la grandeza de su diseño y la majestad de su infinito poder (Romanos 8:28-37).

- ✓ *Vs.2- Abrid las puertas y entrará gente guardadora de verdades.*

Quienes gozan del lugar secreto de Dios, son aquellos quienes guardan su verdad eterna y no le cambian en tiempo de escasez o abundancia, antes bien le siguen y le obedecen.

La verdad aquí descrita es aplicable a la gracia de la Salvación y el cumplimiento de la herencia adquirida en aquellos que la reciben.

El Reposo de Dios

Las puertas de la ciudad segura de Dios ya han sido abiertas, por lo que, si habremos de disfrutar de los "muros y el antemuro" dependerá de la respuesta de fe y la confianza que depositemos en Él.

En otras palabras: Si yo creo en fe que los muros y antemuro de protección están ahí, ¡ahí estarán! Y si, por el contrario, yo creo que no están ahí, entonces, ¡no estarán!

Podré creer, en tanto, sea uno de los que descansa seguro dentro de los límites de su doble salvación y cuya característica es ser "guardador de verdades."

Quien goce la gracia de su protección, deberá de cumplir con esta condición; ¡solo aquel que ama la verdad y la atesora dentro de sí, habrá de experimentar todos sus beneficios!

En el libro del profeta Isaías, en su capítulo 26, verso 4 se insta al pueblo a que esta confianza sea permanente con las siguientes palabras: "Confíen en el Señor perpetuamente, porque en el Señor está la fortaleza de los Siglos."

La clave dentro del mensaje divino se encuentra en obtener resultados favorables a través de la confianza y la perseverancia.

- ✓ *Vs.3*-Tú guardarás *en completa paz* a aquel cuyo pensamiento en ti persevera; porque en ti ha confiado.

La palabra paz utilizada en el verso anterior proviene del Hebreo Shalom (שׁוֹלָם) y significa: *salvo, protegido, saludable, seguro, completo, feliz, próspero, aliviado, dichoso, y reposo.*

La frase usada por el profeta Isaías (26:3), en "completa o perfecta paz" *proviene de un doble o continuo Shalom* (שׁלם/

סולש). Y esto nos indica que quién ha ahondado en el Reposo ahora disfruta de plenitud, prosperidad, salud, y bendición.

La persona que obtiene el beneficio de la paz doble o paz multiplicada ¡no será movida de su lugar! Este, por tanto, es un individuo firme, que ha encontrado la plenitud y la perfección, en el Reposo de Dios y su Día Bendito de Justicia y Salvación (Mateo 7:24,25; Hebreos 4:10).

Muchos pueden encontrar la paz, y eso es muy bueno, pero encontrar la completa paz o el doble Shalom que viene de Dios y su Reposo, y ser permanentemente guardado en el ¡es aún mucho mejor! (Colosenses 3:15).

Cuando somos guardados en la paz perfecta sabemos que, si mi seguridad y confianza pareciera estar ausente, aún tendré ¡la que viene de Dios! O sea, que, por tener un doble seguro, aunque temporalmente pueda perder una batalla, desde la eternidad, he sido declarado más que vencedor (Romanos 8:28-37; 1 Juan 5:4; Juan 1:16).

- ✓ Vs.3-…completa paz a aquel cuyo pensamiento en ti *persevera.*

Otro detalle significativo en este hermoso texto profético es la palabra *perseverar,* que viene del hebreo samák (דָּמַס) y que significa: Apuntalar, apoyar, sostener, afirmar, recostarse y reposar.

Sin duda que todo aquel, que ame la plenitud que se encuentra en la paz perfecta deberá aprender a apuntalarse y a apoyarse en el lenguaje posicional y la herencia de la promesa consumada.

Habrá muchos momentos en la vida, en que solamente alimentados en la Palabra de Fe podremos "recostarnos y reposar" (1 Timoteo 4:6; Hebreos 6:5; Juan 6:63; 15:3).

El resultado de permanecer firmes en *la Palabra de su Reposo* es abundancia de paz y protección firme y duradera.

La Salvación consiste en la manifestación continua del poder protector de Dios en la vida del creyente (Romanos 1:16).

Por este motivo, toda acción del mal que atente en contra de la Salvación y el bienestar del creyente deberá terminar en los muros y antemuro de Dios, que son: su gracia consumada y el escudo de la fe (Juan 19:30; 2 Timoteo 1:9; Tito 3:5; Efesios 6:11-17).

✓ *El doble muro y sus puertas*

En Isaías 60, versos 16 al 18, el profeta vuelve a indicar que el Señor es el Salvador y el Dios fuerte, quien ha determinado que: Vs.[18]… *a tus muros llamarás Salvación, y a tus puertas alabanza.*

Las puertas, que en otra época fueron "escenario de humillación y destrucción," cuando los victoriosos enemigos irrumpían por ellas (Nehemías 1:3). Ahora, no solo representan firmeza y seguridad, sino que también han de ser testimonio de Salvación y de Alabanza.

Hoy, quién entra a la ciudad fortificada (El reposo de Dios) ha de pasar a través de sus puertas. Puertas, que no solamente habrán de permanecer abiertas, sino que, teniendo un nuevo nombre, ahora se les habrá de llamar Alabanza.

Sin duda que, en el Día Perfecto, toda su creación es parte de una sola y maravillosa melodía celestial. No es de extrañar, que la Escritura nos declare "aceptos en el amado y creados para la *alabanza* de su gracia" (Efesios 1:3-6; Hebreos 12:22,23).

Por esta razón, el creyente no debe olvidar el sentimiento de poder, plenitud, y libertad que se vive a través de la alabanza. Otro punto significativo es entender que únicamente se puede alabar a través de la fe (Hebreos 11:6).

Debemos recordar que cantar no es lo mismo que alabar. La alabanza brota de un corazón agradecido y confiado en su Dios. ¿Cómo podría alabar un corazón envuelto en temores y dudas, por mucho que este se esfuerce?

Cuando creemos en la Protección del Día Eterno de Dios, un río de gratitud y alabanza salta desde nuestro interior, llenándolo todo a nuestro alrededor. Y tal como lo hicieron Pablo y Silas en la cárcel, ¡la tierra se moverá, las cadenas caerán y las puertas (ahora llamadas alabanza) se abrirán! (Hechos 16:23-26; Isaías 60:18).

Cada día, muchas circunstancias vienen y van queriendo destruir nuestra autoestima y confianza en el divino poder que rige el Equilibrio Universal de todas las cosas (Efesios 1:23; 4:3-6).

Quien camina en el Reposo de Dios, aunque su cuerpo externo tienda a debilitarse, sus fuerzas internas se multiplicarán. La vida del hombre se ilumina cuando este conoce su origen, la naturaleza de su diseño y el propósito que lo transforma a imagen y semejanza de Dios (Isaías 35:8; 2 Corintios 4:16-18; 2 Pedro 1:4; 1 Juan 5:4; Colosenses 1:26; Romanos 8:29; Gálatas 4:19).

El Reposo de Dios

Sin duda, la palabra del Evangelio Eterno y su mensaje posicional de cumplimiento es lo que nos une en tiempo real al gobierno de Dios y ¡El Día Que No Terminó! (Romanos 5:17; Apocalipsis 1:6; 5:10; Efesios 1:3; Colosenses 3:2-4).

La palabra reinar (*basileuō*-βασιλεύω), utilizada por el apóstol Pablo en Romanos capítulo cinco, verso diecisiete, denota realeza, dominio, gobierno y control total.

De esta manera, el creyente reina con abundancia de gracia y justicia sobre todo el mal y la oscuridad que debe enfrentar.

Cuando nos situamos en estas poderosas verdades, y cuando al igual que el profeta Habacuc logramos ver más allá de lo temporal. Entonces podremos unidos a una voz declarar: "En mi puesto... estaré, sobre la fortaleza afirmaré el pie, y velaré." Porque, aunque la visión tardare en su cumplimiento, sin duda vendrá y no tardará… más el justo por su fe vivirá (Habacuc 2: 1-4).

Jesús, cuando enfrentó la oposición y la adversidad no hizo más que mirar al cielo y declarar la abundancia de recursos a su favor (Mateo 26:53).

De la misma manera, una vez que el creyente comprende las verdades posicionales y eternas, no habrá circunstancia que le mueva de su lugar de bendición.

Bajo este mismo principio de fortaleza y seguridad, el Señor envía palabras de ánimo y consuelo a través del profeta Nahum a su pueblo. Esta era una palabra destinada a fortalecer en medio de los tiempos difíciles y conflictivos que aún estaban por venir.

1. ¡Un destruidor avanza contra ti!
2. ¡Monta guardia en la fortaleza!
3. ¡Vigila el camino!
4. ¡Cíñete la cintura!
5. ¡Reúne todas tus fuerzas! (Nahum 2:1).

El mensaje es claro: ¡No abandonemos nuestra fortaleza! ¡No nos salgamos del lugar en que hemos sido posicionados! Antes bien, afirmemos nuestro pie en su verdad y permanezcamos vigilantes que el Rey de los Siglos, y su Día Eterno de Salud, Paz y Bendición ¡ya está aquí! (1 Timoteo 1:17; Mateo 7:24-27).

• "La Ley de lo Opuesto"

➢ *La Ley de lo opuesto*

El gobierno de Dios y las leyes posicionales del Reino operan de manera opuesta o inversa a las leyes que gobiernan al hombre.

Es así como en el reinado de Cristo:

1. Quien da no viene a pobreza, sino que recibe más.

Aquel que da, no viene a tener menos, sino que llega a tener abundancia y prosperidad (Lucas 6:38; 2 Corintios 9: 6,8,10,11; Proverbios 11:24; 1 Timoteo 6:17-19).

2. El que se humilla será exaltado.

Quien no se enaltece, sino que se humilla a sí mismo, no queda postrado en el suelo, ni tampoco baja de posición: "sino que, por el contrario, este viene a ser exaltado" (Mateo 18:4; Lucas 14:11).

3. Quien pierda su vida la ganará.

Todo aquel que procure en su esfuerzo propio ganar la vida perderá el gozo y la recompensa de vivir, por lo que al final del camino, ¡la perderá! Sin embargo, quien voluntariamente renuncie a lo temporario de ella y se aferre a lo que es permanente y eterno "la ganará" (Mateo 10:39; 16:25; Marcos 8:35; Lucas 9:24; 17:33).

    4. Quien es débil es fuerte; y el que es ignorante es sabio (1 Corintios 1:27-31).

El Señor ha determinado llamar lo que no es, o lo que en apariencia no califica, para darle preeminencia sobre lo que a la vista del hombre tiene valor, o, "sí es."

Bajo este mismo principio de reino y de gobierno, Dios ha determinado llamar a lo que en esta vida es considerado débil y menospreciado para mostrar en ellos su amor, sabiduría y poder. Estableciendo de esta manera la soberanía del Reino, que en su ley: "descalifica o deshace lo que bajo lo transitorio del tiempo y a la vista humana todavía es" (2 Corintios 4:18).

Esta es la razón por la que el apóstol afirma que, quien crea ser sabio, debe primero hacerse a sí mismo ignorante. Quién así lo haga, habrá iniciado el camino hacia la verdadera sabiduría de Dios en el Cristo Eterno manifestado a través de Jesús (1 Corintios 3:18-20; 1:30,31; Gálatas 1:4).

    5. La tribulación y la guerra se convierte en paz (Isaías 2:4).

No es de extrañar que las leyes del Reino y su opuesto sean tan efectivas, que el mismo Señor, a través del profeta Joel, motiva a su pueblo a levantarse y confesar: "diga el débil fuerte soy" (Joel 3:10).

En esta ocasión el pueblo de Israel sufría asediada por el dolor de la guerra, y aunque en ese momento, convertían sus herramientas de trabajo por armas de guerra. Ya desde entonces, Dios los animaba a ver y entender que más allá del proceso doloroso, ¡un estado de paz permanente habría de venir! (Oseas 2:18; Miqueas 4:3).

Lo que podemos aprender de los percances que se presentan en esta realidad temporal que atravesamos es:

1. No importa que tanto creamos haber sido arrastrados por las desdichas de la vida.
2. En la ley del Reino y su opuesto, mi debilidad es fortaleza, y el dolor es transformado en gloria.
3. Todo aquello que he anhelaba ¡pero que no era! "finalmente se convierte en mi presente o aquello que sí es" (Proverbios 18:20,21; 2 Corintios 4:16-18; 12:10).

✓ *Creyendo, confesando y saludando lo que no se ve*

Por su profundidad escritural, la epístola a los Hebreos es una de las más apasionantes y reveladoras para el estudiante de la Biblia. Dentro de esta maravillosa carta se encuentra el capítulo once, también conocido como "La Galería de la Fe."

El capítulo once, verso uno, inicia con una explicación sobre lo que es la fe. El significado de la palabra fe, del griego *pistis* (πίστις) es hermosamente traducida en muchas de las versiones de la Biblia como *la sustancia de las cosas* que se esperan. Y, *la demostración ¡de las cosas que no se ven!*

> Hebreos 11. ¹Es pues la fe la sustancia de las cosas que se esperan, la demostración de las cosas que no se ven. Reina Valera 1865

Dentro de este impresionante capítulo hay una lista de algunos de los milagros más increíbles. ¿Quién no ha oído hablar de

El Reposo de Dios

Daniel en el foso de los leones? ¡O el Mar Rojo abierto ante los israelitas! Hebreos 11:29,33. cf. (Daniel 6:16-23; Éxodo 14:21).

Detrás de todo este glorioso marco sobre la fe, se encuentra una muy profunda verdad. Una verdad maravillosa, pero que asombrosamente, nunca escuché hablar de ella. Muchos de los llamados héroes de la fe, *se destacaron por haber creído y haber gozado de promesas que nunca recibieron.*

Ver y experimentar lo que no se ve, es una virtud excepcional activa en Moisés, Abraham, y muchos otros hombres y mujeres de fe desde la antigüedad.

Moisés venció el temor, cuando por la fe, se mantuvo con la mirada fija "como viendo al Invisible." Establecer la mirada en lo eterno y lo que no se ve, fue un distintivo invaluable en la vida de Moisés a la hora de triunfar sobre la adversidad.

> Hebreos 11.^{27}...no temiendo ... porque se sostuvo como viendo al Invisible.

La medida de la fe divina manifestada a través de estos hombres y mujeres fue tan grande, que ellos no solamente creían, sino que también confesaban y hasta se deleitaban saludando continuamente las promesas de Dios en sus vidas (Efesios 4:13).

> Hebreos 11.^{13}...sin haber recibido lo prometido, sino mirándolo de lejos, y creyéndolo, y saludándolo, y confesando.

La Biblia es clara en asegurar que algunos no recibieron físicamente lo prometido. La ironía, en este caso, radica en que, aunque ellos se gozaron creyendo, saludando, y confesando las cosas prometidas, estas nunca se llegaron a materializar.

> Hebreos 11.³⁹…aunque alcanzaron buen testimonio mediante la fe, no recibieron lo prometido.

Existen casos en que la gente tiene suficientes bienes materiales, pero por una u otra razón no disfrutan sus posesiones. Por otro lado, hay quiénes sin tener nada, ¡viven como si lo tuvieran todo! (2 Corintios 6:10; 1 Corintios 3:21,22).

Sin duda que, este es un tema trascendental en el cual podríamos preguntarnos, si yo tuviera que escoger alguna de estas dos opciones extremas, ¿cuál escogería?

1. Una vida gozosa y positiva, en dónde confieso y saludo a través de la fe, la realidad de lo que no se ve. (En este caso tomamos en cuenta que quizá el propósito físico en vista no se llegue a obtener).
2. Una vida sin tener necesidad de cosa alguna. Pero, a la vez, sin el contentamiento y la apropiada valoración de lo que se posee.

En estos dos ejemplos, podemos ver el curso del cumplimiento que tuvo lugar a través de las promesas dadas a los creyentes descritas "en la galería de la fe".

En el primer caso arriba mencionado, ellos vivieron una vida llena de gozo, creyendo, saludando, y confesando aquello que estaba frente a sus ojos. Debido a esto ellos alcanzaron un buen testimonio.

Dicho en otras palabras, su fe los llevo a ser ejemplo e inspiración a muchas generaciones. ¡Y esto, a pesar de no haber recibido lo prometido!

En el segundo caso, tenemos a quienes experimentaron un poderoso milagro creativo instantáneo.

¿Qué milagro podría ser más valioso? ¿Uno que cambie en un momento un imposible de la vida? O, uno que, "viendo y saludando cada día," ¿me haga vivir bajo el poder *renovador y transformativo de lo que no se ve*? (Hebreos 1:13,27,39; 2 Corintios 4:18).

De manera que, la fe no es solamente memorizar o repetir un verso de la Biblia, sino vivirlo y experimentarlo como una realidad posicional presente.

Vivir en la fe creativa quiere decir que, aunque es posible que usted no reciba completamente aquello que cree conveniente. A pesar de esta posibilidad, su vida y sentidos espirituales se estarán edificando en el ejercicio que le hace experimentar la Paz y el Reposo que proviene del ¡Día Que No Terminó!

Este es el efecto que tiene fijar la mirada más allá del obstáculo. Es sostenernos -al igual que Moisés- como viendo al Invisible. Siempre creyendo y confesando, ¡que lo mejor aún está por venir!

Esto quiere decir que, quién todavía este experimentando, dolor, tristeza o enfermedad, nunca estará en fracaso o derrota. Pues a los ojos del Eterno es victorioso, más que vencedor y, sobre todo, "Un Héroe digno de mencionar en el Libro de la Vida y de la Fe."

• ¡Completos en Él!

- ✓ Y vosotros *estáis completos en él*, que es la cabeza de todo principado y potestad (Colosenses 2:10).

En este hermoso pasaje bíblico se nos muestra a un Dios supremo cuya imagen resplandece en la gloria de Cristo; en este Dios amoroso y de propósitos, el creyente encuentra plenitud total (1 Corintios 15:27,28; 2 Corintios 4:4; Colosenses 1:15).

Dios es la "pieza maestra," que completa el todo en nuestra vida, de tal manera que podamos vivir sin que nos falte nada. Él es aquella fuerza interna, que cuando nos desanimamos y creemos no poder continuar, nos dice: Ahora me toca a mí. Tú confía en mi Diseño y Reposa en ¡El Día Que No Terminó! ¡El Día de mí Eterno Poder y Perfección!

La Biblia afirma que, en Dios, nuestra vida está completa, guardada y protegida (Juan 10:29; Colosenses 3:3). Así que, no importa que tan débil o que tan inútil pudiéramos sentirnos en algún momento de nuestra vida. La verdad absoluta de Dios declara que: cuando mi medida humana no alcanza, "es cuando la medida de fe y la imagen del varón perfecto se hacen presentes en mí" (Juan 3:30; Gálatas 2:20; 4:19; Efesios 4:13; Colosenses 1:28).

De manera que, cuando yo me veo a mí mismo unido a Dios, y soy consciente que, en mi unidad con el Eterno, he sido hecho partícipe de su misma naturaleza. Ese día, habré entendido que: el triunfo y la victoria son solo una porción de la herencia consumada que ahora forma parte de mi diario vivir (1 Corintios 6:17; 1 Juan 3:2,9; 5:4; Efesios 2:10; Juan 19:30; 1 Corintios 10:11).

✓ *Descansando en su poder*

Una vida movida por la gracia y la fe de Dios no es una que depende de su propia capacidad. El éxito personal, dependerá en gran manera, de la buena aplicación de las leyes operativas del Reino.

Para conseguir los objetivos, la voluntad del creyente sigue siendo primordial a la hora de permitir que un poder que estaba más allá de su comprensión ahora se manifieste y fluya a su favor.

Existen muchísimos pasajes bíblicos que nos enseñan sobre la manifestación de un Dios que actúa en beneficio de quienes han puesto su confianza en Él.

Algunos ejemplos de esta verdad los encontramos:

1. En su segunda carta a los Corintios (2:14) el apóstol Pablo, señala que el éxito del creyente radica en que: es Dios mismo quién con su poder nos *"lleva siempre en triunfo."*
2. En esta misma epístola (3:5) el apóstol Pablo indica que nuestra competencia o capacidad para obtener aquellas metas que están más allá de nuestro alcance humano, *"proviene de Dios"* y no de nosotros mismos.
3. En su exhortación a los Gálatas (2:8), el apóstol Pablo especifica que el mismo poder que actuaba en Pedro (y su ministerio a los judíos) operó también en él y su ministerio de gracia a los gentiles.
4. En la carta a los Filipenses (2:13) Pablo basándose en su experiencia ministerial, enseña que es Dios quien produce "así el querer como el hacer, por su buena voluntad".

5. En la carta a los Colosenses (1:29). Aquí, el apóstol indica que el éxito de su ministerio no radica en su propia fuerza, sino en "la potencia de él, la cual actúa poderosamente en mí."
6. Según el escritor, a los hebreos, Dios produce resultados favorables en la vida del hombre a través del poder de Cristo (Hebreos 13:21).

Por lo tanto, queda claro que no son las fuerzas del hombre, ni su capacidad, sino la fe creativa de Dios que habitó en Jesús. ¡El espíritu de fe o el espíritu de Cristo, por quien somos trasladados desde nuestro presente transitorio hasta El Día Perfecto, el Día Que No Terminó! (Gálatas 2:20; 2 Corintios 4:13; Romanos 8:9).

La vida del hombre ha sido diseñada de tal manera, que solo estará efectivamente completa hasta que encuentre su verdadera identidad en la imagen y semejanza de Cristo. El espíritu vivificante o nuevo Adán, el cual, siendo el Reflejo o Espejo de Dios, nos muestra tal y como somos según la esencia de nuestra verdadera naturaleza (1 Corintios 15:45; 2 Corintios 3:18; 5:17; Gálatas 4:19; 6:15; Efesios 4:24; 2 Pedro 1:4).

Sin duda, todo aquel que ha experimentado el Reposo de Dios ha visto la revelación de gloria en la que, reflejadas como en un espejo, todas las verdades relativas y transitorias quedan apartadas desde la eternidad (2 Corintios 3:18; 4:18; 1 Corintios 3:21, 22).

• La Tropopausa

Más allá de las nubes, existe una zona llamada tropopausa. Este es un lugar con muy poco movimiento vertical de aire; por lo tanto, es una región que permanece en perfecta calma. Esta

El Reposo de Dios

característica ha sido aprovechada por las líneas comerciales de aviación, pues al no existir turbulencias, se garantizan vuelos tranquilos.

Por ser este un sitio especial y debido a su quietud, esta es la zona en donde son puestos los satélites artificiales. De la utilización de estos satélites, obtenemos beneficios como: Telefonía, Televisión, Internet, Investigaciones Científicas, y Sistema de Posicionamiento Global, entre otros.

Es muy posible que usted haya escuchado que lo más peligroso del recorrido de un avión es su despegue y aterrizaje. El motivo de esta afirmación radica en la necesidad que tiene la aeronave de enfrentar la adversidad climática a la hora de entrar y salir de esta zona de seguridad.

No muchos son los hijos de Dios que conocen, que existe un lugar de paz y tranquilidad, que nos protege de los tiempos peligrosos y las turbulencias de la vida.

Sin embargo, el pueblo del Señor ha sido llamado a doblegar todo monte y todo obstáculo, desde una posición diferente. Nuestra autoridad, provisión y reposo proviene de las habitaciones o lugares celestiales, en donde hemos sido posicionados y bendecidos -desde antes de los tiempos- en el Resplandor del Cristo Eterno o Hijo de Dios (Efesios 1:3,4; 2 Timoteo 1:9; Tito 1:1,2; Juan 1:4,9; 16:28; Filipenses 2:5-22; Hebreos 1:2,3; Colosenses 1:15; 1 Corintios 15:45; Colosenses 3:10,11).

Si el hombre ha sido inteligente con los recursos que la naturaleza le ha provisto, ¿Cuánto más su pueblo, debería aprovechar aquello por lo que Cristo pagó? Nunca olvides que: "El castigo de nuestra paz fue sobre Él" (Isaías 53:5).

Nosotros, al igual que el águila, hemos sido llamados a habitar las alturas de Dios, desde donde podremos desplazarnos utilizando sabiamente los recursos dispuestos a nuestro favor. De seguro que, desde arriba, no habrá montaña que sea imposible de conquistar ni dificultad que no podamos superar (Isaías 40:31; Mateo 17:20).

Lo importante aquí, es ser conscientes que la Salvación no se trata de hacer esfuerzos supremos, sino de dejarnos llevar por el divino fluir que emana del Reposo de Dios.

• Dejándonos llevar

✓ Por tanto, dejando los rudimentos de la doctrina de Cristo, vamos adelante a la perfección (Hebreos 6:1).

Las personas a las que se dirige la epístola consideraban el conocimiento básico de los rudimentos suficientes. Sin embargo, para conocer la fe y experimentar la plenitud de la Salvación, ellos necesitaban urgentemente ir hacia adelante a partir de tal fundamento, para lo cual se requería una acción deliberada y decisiva por parte de cada creyente.

No obstante, paradójicamente, la expresión *vamos adelante* a la perfección, en griego (φέρω-pherō), está en vos pasiva, y significa: "SER LLEVADO O CONDUCIDO."

> El pensamiento que esta declaración envuelve no es primariamente el de hacer un esfuerzo personal, sino el de una rendición a una influencia activa. El poder está obrando; solo debemos rendirnos a él. B.F. Wescott, la epístola a los Hebreos.

Así que el escritor exhorta a sus lectores a responder dejándose llevar por Él.

Capítulo 6. Significado del número Seis

- El número Seis en las Escrituras
- Los Seis escalones al pecado
- Los Seis brazos del candelero
- El día Sexto, día para trabajar "dos veces"
- El Seis, símbolo de impureza e imperfección
- El Año Agradable al Señor y la Hora Sexta
- El 666

Capítulo 6. Significado del número Seis

• El número Seis en las Escrituras

…significa imperfección y es todo lo contrario al número Siete.

Por Ejemplo:

- ✓ El día Sexto, fue el día del gobierno del hombre y de su creación (Génesis 1:26,31).
- ✓ El día Sexto, fue el día del pecado y de la transgresión (Génesis 3:17,18,23).

En adelante, el hombre dejaría su posición de señorío sobre la creación, para ser un empleado más, obligado a trabajar para poder subsistir.

En un momento, aquel día de descanso, soleado y maravilloso en que vivía Adán, se tornó en un día frío, oscuro y desesperanzador. El trabajo no solo sería obligatorio, sino que junto con el vendría el caos producido por el dolor físico, familiar y espiritual. En adelante, el hombre debería mantenerse ocupado –durante seis días– mediante labores físicas, y el Séptimo día sería el día destinado para la meditación y el reencuentro espiritual (Éxodo 23:12).

• Los Seis escalones al pecado

> *1 Reyes 10:18-20; 11:1-8.*

Al trono del gran sabio Salomón se llegaba únicamente a través de seis escalones, por lo que "estando incompleto," no fue lo suficientemente elevado como para alejarlo de la imperfección y la idolatría.

La Sabiduría, solo es suficiente, hasta cuando decidimos alejar nuestra mirada de lo temporal y pasajero y ponerla en lo que es eterno y espiritual.

Sin importar nuestra condición económica, la cantidad de bienes materiales o buenas obras, nada de esto será suficiente para alcanzar aquello que únicamente podemos recibir por la gracia de Dios. No debemos olvidar que solo en Cristo estamos verdaderamente completos y que apartados de Él, nada es permanente (Juan 15:5; Colosenses 2:10).

• Los Seis brazos del Candelero

> *Éxodo 25:31-40.*

El candelero de oro del tabernáculo tenía seis brazos (símbolo o número de hombre), que se sostenían unidos a un soporte central, sumando así un total de Siete.

La configuración tan particular, de este utensilio santo de la casa del Señor, debe hacernos reflexionar sobre nuestra humanidad y la luz, plenitud y perfección que sólo encontramos en nuestra unidad con Dios (Juan 15:5; 1 Corintios 6:17).

Además de este candelero formado de Siete partes, había también Siete lámparas. Nuestra vida ha sido trazada de tal manera, que

El Reposo de Dios

únicamente alcanzaremos nuestro máximo potencial cuando nos apegamos a Dios y su diseño original.

Las Siete lámparas, los seis brazos y la base central de la lámpara no funcionarían separadamente (Éxodo 25:32,37; Juan 15:5).

La perfección divina no se logra a menos que el hombre este unido a la gloria de la imagen y la semejanza misma de Dios (1 Corintios 6:17; 2 Corintios 3:18; Efesios 4:24; Génesis 1:26).

• El Día Sexto, día para trabajar "dos veces"

> *Éxodo 16:1-36.*

El Señor había dado instrucciones claras con respecto a la recolección, distribución y alimentación de su pueblo en el desierto. Aquel pan o maná debía de ser recogido por medida, un gomer o cerca de dos libras por persona y según el número de miembros de la familia era la cantidad determinada.

Todo este alimento debía ser consumido a diario, por lo que no les era permitido almacenar o guardar para otro día.

Como es normal en el ser humano y ante el temor de volver a caer en escasez, el pueblo no siguió las instrucciones como debía. Por lo que, almacenando de más, al siguiente día encontraron que todo lo que había sido guardado estaba agusanado y con hedor.

Es de notar que este era un alimento de consumo inmediato, puesto que el calor del sol causaba una rápida descomposición (se derretía). Sin embargo, esta regla física fue anulada con respecto al Día de Reposo.

Cada Sexto día de la semana o día anterior al Día de Reposo, el pueblo de Israel debía trabajar el doble de lo que solía. En este día se debía pensar en lo material. El hombre debía adelantarse a la necesidad al recoger el doble de la cantidad habitual de alimentos, de modo que al hacer esto, pudiera guardar apropiadamente el Día de Reposo (Éxodo 16:5,22,25).

Hoy, al igual que ayer, el creyente debe tomar cada día de la fuente celestial según sea su necesidad. La provisión divina ha determinado que no dejaremos de tener abundancia ya que hemos entrado en el Día de su Bendición (Juan 6:51; Mateo 11:28-30; Efesios 1:3).

Dios provee doble, pensando en el Día de su Reposo, y esto a fin de que; estando siempre en su presencia, el hombre pueda gozar de la plenitud del Día que comenzó, pero ¡Que No Terminó!

Cabe señalar que el cumplimiento del propósito divino al final del día sexto fue lo que inició el Día de su extraordinario Reposo.

Este Día asombroso se convertiría en fuente inagotable de paz y tranquilidad, desde donde, la humanidad finalmente redescubre el diseño trazado en su alma desde el principio de la creación (Génesis 2:1-3, 9; 1 Corintios 15:22; Juan 6:45; Efesios 1:4-6; Ezequiel 47:9; Apocalipsis 22:2).

Ya desde antes del inicio del Día Séptimo, justo al finalizar el día sexto, el Eterno declara, que todo lo que había hecho "era bueno en gran manera." Así es como en su sabiduría, el Omnipotente torna un día de incertidumbre, de dolor y de separación, en un Día de Reconciliación, de Paz continua, Seguridad y Salvación.

El Reposo de Dios

En su ministerio, Jesús mismo invitó, a quienes le escuchaban, a soltar sus cargas y a conocer el verdadero Reposo de Dios. Por esta razón, no deberíamos de dudar de este maravilloso cumplimiento que Hoy toma lugar ante nuestros ojos.

En medio del día de la imperfección, del dolor y de la angustia, podemos levantar el estandarte de Cristo, quien es nuestra fortaleza y el "pan para dos días." Él es quien nos señala el camino hacia el Reposo de Dios y por medio de quién recibimos la doble victoria espiritual (Juan 6:41,48,58; 1 Juan 5:4; Romanos 8:37).

En la eternidad de Dios y su diseño creativo, nuestro triunfo no descansa en lo pasajero de las circunstancias, sino en la inmutabilidad de su verdad. Debido a este hecho de fe inalterable, sabemos que nada creado en el presente o en el futuro puede separarnos de esta herencia posicional inquebrantable (Romanos 8:35-39).

• Seis, símbolo de impureza e imperfección

> *Mateo 15:2, Marcos 7:3-4; Lucas 11:39.*

Los judíos de Caná tenían seis tinajas de agua para la purificación que expresaban la insuficiencia del hombre y sus obras en el cumplimiento de la justicia de Dios.

- ✓ Y estaban allí seis tinajas de piedra para agua, conforme al rito de la purificación de los judíos, en cada una de las cuales cabían dos o tres cántaros (Juan 2:6).

Las prácticas judías en cuanto a los lavamientos ceremoniales son cuidadosamente explicadas en el código civil y religioso o Talmud. Se dice que "mojar la muñeca" es una purificación menor. Sumergir en agua "toda la muñeca" era considerada una purificación de mayor importancia.

Además de sus manos y pies (Éxodo 30:19), los judíos también comenzaron a lavarse la cara antes de orar.

Por supuesto, las manos y los pies son para el trabajo físico. Mientras que los ojos, los oídos y la boca, ¡son los medios para ver, oír y anunciar al Señor! (Éxodo 33:11; Números 12:8; 14:4; Deuteronomio 5:4; 34:10; 2 Corintios 3:18).

La observancia de estas reglas no tenía como propósito limpiar desde un punto de vista higiénico sino de remover la contaminación del cuerpo debido a las impurezas y el pecado.

Hubo ocasiones en que los escribas dieron más valor a las costumbres y a la tradición, prefiriendo, como muchos hacen hoy todavía, los rudimentos y el ritual religioso a lo que es íntimamente moral y espiritual (Marcos 7:2-5).

Sin duda que el hombre y sus prácticas religiosas se tornan insuficientes, cuando estas tienen su fundamento en los símbolos, y no en el cumplimiento al que ellos apuntaban.

La totalidad del sistema prevaleciente bajo el culto Mosaico carecía de herramientas para presentar la conciencia del hombre limpia y perfecta. Por causa de esto, la práctica de esa estructura consistente en obras externas tales como: comidas, bebidas, y diversos lavamientos ceremoniales, estaba condenado a desaparecer (Hebreos 9:1,9,10).

• El Año Agradable al Señor y la Hora Sexta

> *Lucas 23:44,45; Juan 19:30.*

El día sexto representa *el día del pecado y la caída de Adán.*

Fue también en la hora sexta que el hombre, una vez más tuerce el camino correcto al crucificar a Jesús.

Lucas, en su relato sobre la crucifixión, afirma que, desde la hora sexta hasta la hora novena, las tinieblas cubrieron toda la tierra, y el sol se oscureció.

Antes de entregar su espíritu al Padre, Jesús dictó el fin de la hora de dolor que tuvo inicio con la transgresión de Adán. Por tanto, al pronunciar "consumado es," Jesús proclamó el fin del día sexto y el reencuentro del hombre con el Día Bendito y Perfecto. ¡El Día Que No Terminó!

Salgamos pues del día del hombre y sus obras, ¡y entremos apresuradamente al Día de Gozo, Paz y Reconciliación Eterna! (Colosenses 1:19,20).

✓ *Jesús enseña sobre el Jubileo de Dios*
> *Lucas 4:16-22.*

En un día como tantos otros, Jesús vino a Nazaret; y en el Día de Reposo, entró a la sinagoga, y como era de costumbre, se levantó a leer.

Este parecía un día como muchos otros. Excepto que, en el calendario divino, esta fecha había sido marcada para un maravilloso cumplimiento.

El profeta Isaías había profetizado sobre lo que aquí estaba a punto de suceder. En este hermoso relato bíblico, Jesús, abriendo el rollo, y no por casualidad, encontró el pasaje escrito sobre el año agradable al Señor. Este año agradable, no era otro más que el extraordinario Jubileo Bíblico que se llevaba a cabo cuando *siete ciclos de siete años de Reposo* se habían cumplido.

Este día en particular era el Día que marcaba el inicio del Año de la Victoria y la Liberación del pueblo del Señor. Recordemos que, del *reposo semanal,* se pasaba a la fiesta -relacionada con el reposo- de las *siete semanas*. Luego al *reposo anual* cada *siete años* y finalmente *al gran reposo de siete años multiplicado por siete.*

Así, el año cincuenta fue un reposo muy esperado y único; ¡Este era un año de sanidad y bendición en que la opresión, las deudas, la injusticia y la esclavitud terminaban!

Para el creyente cristiano, esta fecha representa un doble pentecostés. Una fiesta, en que las siete semanas o cincuenta días después de la Pascua se celebra, pero en años.

Al igual que el poderoso doble reposo, este cumplimiento era "una oportunidad única en la vida" para experimentar un periodo de profunda alegría y felicidad. No por casualidad, este extraordinario ciclo fue conocido como "el año agradable del Señor" (Levíticos 25:8-12; Isaías 61:1-3; Lucas 4:17-21).

✓ *El doble Reposo y el cumplimiento de las Escrituras*
Según narra Lucas, en su impactante historia acerca del *doble reposo*. En la sinagoga de Nazaret, todo parecía transcurrir según un día normal. La única y gran diferencia sucede en el

El Reposo de Dios

efecto que tiene en los oyentes la profecía hablada en boca de Jesús.

Lucas declara que, mientras Jesús leía: "los ojos de todos estaban fijos en él" (Vs. 20).

Las palabras leídas en aquel momento eran las mismas que estaban escritas en el rollo, y se habían enseñado muchas veces antes. Solo que, en esta ocasión, los que las oían testificaban maravillados de la gracia que envolvía cada una de las palabras que salían de la boca del maestro.

Y comenzó Jesús a decirles: "Hoy se ha cumplido esta Escritura delante de vosotros" (Vs. 21).

En un mundo de interminables discusiones religiosas, por primera vez, la gente estaba escuchando y, con un solo corazón, reaccionó favorablemente al lenguaje novedoso de la promesa de fe cumplida a través del doble reposo.

No es de extrañar, que después de escuchar a Jesús, todos se conmovieron profundamente y dieron testimonio ¡de las palabras llenas de gracia que salían de su boca! (versículo 22).

✓ *Promesa Vs. Consumación*

Es importante notar la diferencia que existe entre una promesa escrita y el efecto que tiene en el creyente una promesa consumada.

Al igual que los asistentes a la sinagoga en aquel Sábado de Doble Reposo (Séptimo Día y Año 50), el creyente bien puede situarse dentro de la incertidumbre que puede generar la espera. O, por el contrario, posicionarse así mismo sobre el fundamento y la seguridad que proviene del Lenguaje del Reposo Divino, y la Palabra de su Consumación.

En resumen, es solo hasta que la Escritura Divina deja de ser promesa y se revela así misma en forma de cumplimiento. Entonces, el creyente podrá experimentar el gran poder contenido en el Evangelio Eterno del Principio y el Fin de los Siglos.

Teniendo todo por ganar y nada que perder, apresurémonos a seguir el consejo del escritor a los hebreos, quien nos insta a abandonar la ignorancia de la infancia. Después de lo cual, nos encontraremos con la luz de la buena palabra y los poderes de un Siglo que, aunque estaba por venir, ya desde Hoy, ¡lo podemos experimentar! (Hebreos 3; 4; 5:12-14; 6:1-5).

Por lo tanto, para aquellos que pertenecen a la familia de la fe posicional, el día sexto, o día del hombre, ha llegado a ser solo un recuerdo o memoria, en el que el sufrimiento, no fue sino un mal necesario (Gálatas 6:10; Colosenses 1:13).

Un mal que en el Hoy de Dios es transformado en bien y que, al final, solo nos ha hecho agradecer más la luz y el brillo de un nuevo amanecer. Amanecer que, desde ahora, y por la gracia dada en su Reposo, ¡ya ha comenzado a brillar! (Génesis 1:31; 2:1-3; Efesios 1:3,4; Romanos 8:29,30; Jeremías 1:5).

El día de la oscuridad ha pasado, y ahora es tiempo de soñar y de proclamar, que el momento de la restauración, y la reconciliación de todas las cosas finalmente nos ha alcanzado (Malaquías 4:2; Isaías 60:20; Efesios 1:9,10; Hechos 3:21; Hebreos 9:10; Colosenses 1:20).

• El 666

- ✓ Aquí hay sabiduría. El que tiene entendimiento, cuente el número de la bestia, pues es número de hombre. Y su número es seiscientos sesenta y seis (Apocalipsis 13:18).

Según la Biblia, el número seis, es número de hombre, pues, fue en el día seis que el hombre fue formado y que también tropezó. En el libro del Apocalipsis, el 666 representa el número de la bestia, simbolizando el triple fracaso de la trinidad del mal.

El anticristo, el falso profeta y la bestia simbolizan el poder del mal que gobierna y actúa sobre el siglo malo, o sistema de cosas que, en su alejamiento de Dios, se alimenta solo de lo que es material y temporal (Gálatas 1:4).

Es importante tener presente que el creyente ha sido llamado a renovar su entendimiento, y de esa manera comprobar cuál sea la buena, agradable y perfecta voluntad de Dios para con nosotros (Romanos 12:2).

Es solo hasta cuando encontramos nuestro diseño original o propósito eterno, que los ojos de nuestro entendimiento finalmente son iluminados. Entonces, y solo entonces, seremos capaces de salir del día del hombre y de lo temporal para entrar en el Día de Alegría y Plenitud.

Capítulo 7. El Número Siete *(767)*

- Las Civilizaciones Antiguas y el Número Siete
- Utilización del Número Siete en la Biblia
- El libro de la Creación y sus Siete Sellos
- El Número Siete y el Diseño de Dios
- La Creación Perfecta (Siete Veces Bueno)
- Las Siete frases de Jesús
- Las Siete fiestas al Señor
- Una Fiesta Permanente
- **7 (ז)**, Símbolo de Poder, Plenitud y Perfección
- El Edén Profético de Elohim
- La Sabiduría y el Hijo Eterno de Dios
- **6 (ו)**, Número de hombre y día de Reconciliación
- **7 (ז)**, La Consumación de los Tiempos
- El Séptimo Ángel y el Misterio del tiempo Revelado
- Libres de todo mal
- 767, el Camino al Retorno

Capítulo 7. El Número Siete (767)

• Las Civilizaciones Antiguas y el Número Siete

> *Los Siete Planetas*

Siete ha sido un número muy especial desde tiempos antiguos, ocupando así la más alta jerarquía de todo aquello que es considerado por el hombre divino y celestial.

Algunos creen que ya desde el año 2300 antes de Cristo, la cultura Babilónica, en Mesopotamia, había comenzado a asociar el número siete con los poderes celestiales.

Por esta razón, se considera que ya desde la antigüedad, era de suma importancia para el hombre mantener vigente el valor del número Siete.

Es así como el número Siete comenzó a ser asociado con las diferentes fechas de celebración y rituales. Que, desde aquel entonces, ya apuntaban hacia el diseño divino y el misterio de la creación.

Cuenta la historia que desde el año 800 antes de Cristo, el pueblo Caldeo estudiaba la salida y la puesta de las estrellas, sus diferentes movimientos, la intensidad del brillo, y la diferencia entre sus colores.

Los Caldeos fueron una tribu Semítica que se asentó en Mesopotamia media, en el extremo sur de las cuencas del Éufrates y Tigris, en una zona del actual Irak, alrededor de 1000 años antes de Cristo.

Este pueblo estaba conformado por una clase social superior a los demás asentamientos de la zona. Ellos eran famosos por sus conocimientos de los astros y las matemáticas.

Esta tribu Semítica, además de maravillarse de lo que observaban en el cielo, también intentaron comprender y explicar el misterio que rodeaba el orden y el funcionamiento de las estrellas.

En sus escuelas caldeas, enseñaban la ciencia acumulada desde la época de sus hermanos, los Sumerios. Los Sumerios fueron una tribu primitiva que se estableció como comunidad alrededor del año 3000 antes de Cristo. Tanto los Sumerios (3000 a.C), como los Caldeos (1000 a.C) fueron descendientes de Sem.

Se dice que los Caldeos fueron los primeros y más exitosos astrónomos del mundo antiguo. A pesar de no contar con instrumentos ópticos, ellos fueron sorprendentemente persistentes y exitosos en cada uno de sus hallazgos.

Uno de los más valiosos descubrimientos logrados por parte de los primeros estudiosos caldeos, fue distinguir que, dentro de la bóveda celeste, había siete cuerpos que sobresalían. Por causa de su movimiento y brillo, estos astros parecían estar vivos y, por ende, destacaban sobre todos los demás.

Los cuerpos cósmicos que ellos pudieron identificar son los que hoy conocemos como:

El Reposo de Dios

1- El Sol. 2- La Luna. 3- Marte. 4- Mercurio. 5- Júpiter. 6- Venus, y 7- Saturno.

Al darse cuenta los Caldeos que estos cuerpos eran autónomos y se movían por sí mismos, ellos creyeron que estos eran siete poderes gobernantes del universo o dioses que constituían una jerarquía superior.

Para ellos, estos siete planetas eran entidades supremas, seguidos, servidos, y adorados por todas las estrellas a su alrededor.

En aquellos días, se daba por cierto que todo el ejército de estrellas rodeaba, protegía y marchaba sumisamente cada noche a las órdenes de aquellos siete grandes poderes.

Ya desde tiempos muy antiguos, estos siete astros han sido objeto de admiración, misterio, y adoración por culturas tan diversas como los egipcios, griegos, chinos, hindúes, mayas, aztecas, incas, y romanos, entre otros.

Es esencial tener presente, que, los nombres asignados a estos "siete imponentes astros" son nombres que provienen de algunos de los "dioses conocidos por el hombre en aquel momento."

Además, del nombre dado a estos "siete poderes," proviene el nombre de cada día de la semana. O sea, ¡a cada uno de los siete días se les asignó un planeta y también se le dio su nombre!

Para los latinos, los nombres de los días de la semana se originan en la mitología grecorromana. A diferencia de estos, los anglosajones adoptaron una mezcla de caracteres pertenecientes tanto a deidades grecorromanas como nórdicas.

Así es como el día de hoy terminamos teniendo:

1- El Sol, Domingo. 2- La Luna, lunes. 3- Marte, martes. 4- Mercurio, miércoles. 5- Júpiter, jueves. 6- Venus, viernes. 7- y Saturno, sábado.

- ✓ *El Siete de la Vida*

Al Siete también se le conoció como *el Número de la Vida*. La asignación de este nombre se debió al observar que los niños nacidos a los siete meses de gestación vivían, mientras que los nacidos en el octavo mes, por norma general, fallecían.

Otras creencias que muestran la importancia cultural y la influencia del número siete dentro de las antiguas civilizaciones.

Una de ellas relata, que los egipcios usaban la cabeza humana, para representar la inteligencia y el poder espiritual, contenido en los siete orificios que existen en la cabeza del hombre. Los nombres de los siete orificios antes mencionados son los dos oídos, los dos ojos, los dos orificios nasales y uno en la boca.

Según esta creencia, los siete agujeros, representan la puerta que une al mundo exterior con el mundo espiritual.

A partir de esta convicción, se deducía que la inteligencia detrás de este diseño es el camino, que lleva al hombre a despertar la conciencia universal en su ser interior.

Por tanto, a través de este circuito interno de luz, o "siete impreso," el hombre puede alcanzar, la revelación del misterio de la vida y el poder para transformar todo su ser.

✓ *Los Siete Ojos de Dios*

Siete ha sido el número más conocido y referenciado entre las culturas más antiguas. El conocimiento y la familiaridad con este número pudo haber preparado, la forma precisa e inteligente en que los padres judíos recibieron e interpretaron el majestuoso poder, y la revelación contenida en el Día Séptimo.

No olvidemos que tanto los Sumerios, como el pueblo Caldeo fueron de origen Semítico. Además, fue de Caldea que el Señor llamó a su siervo Abraham (Hechos 7:3,4; Génesis 12:1-4).

Es esencial entender que, todas las figuras y símbolos interpretados desde la antigüedad, tuvieron como propósito final traernos al conocimiento del Día de Dios. ¡El Día en que el Todopoderoso Elohim protegió toda su creación mediante el Sello Perfecto de Reposo y Bendición! (Génesis 2:1-3).

> Siete son los ojos de Jehová, que recorren toda la tierra (Zacarías 4:10).

A diferencia de los Sumerios y Caldeos, en la sabiduría hebrea, el cielo y sus siete luceros no son más que un reflejo de la gloria de Dios.

Para ellos, el cielo es la habitación divina, desde donde "sus Siete ojos recorren el firmamento y sus Siete espíritus toda la tierra" (Salmo 19:1; Apocalipsis 5:6).

A Israel le fue dado interpretar, de una manera única y extraordinaria, el secreto del misterio y el poder contenido en el diseño y la plenitud del Siete de Dios.

Es así como en la revelación del propósito divino; a Dios, el Creador de todas las cosas, le tomó seis días hacer el mundo. Y en el Día Séptimo, nos muestra el camino de regreso hacia ¡Su Día de Paz y Perfección!

De manera que el conocimiento y poder asignado a este Día es lo que nos abre la puerta entre el mundo físico y el espiritual. Es la pieza clave que hace que el hombre alcance el pleno entendimiento y despierte la vida del Cristo incorporada en su ser espiritual o yo superior.

En resumen, Dios no solo es capaz de verlo todo a través de su visión perfecta (representada aquí por sus, "Siete ojos"), sino que esta fue la visión con la que preordenó, y selló todas las cosas desde el principio de su creación.

• Utilización del Número Siete en la Biblia

✓ Y acabó *Dios* en el día séptimo la obra que hizo (Génesis 2:2).

Fue en la tranquilidad de sus habitaciones celestiales, en donde el poder de Dios proveyó la gloria para hacer que aquello que se había secado volviera a florecer (Números 17:8).

Es ahí, en los campos verdes de su Reposo, en donde bajo su guianza, podremos extender nuestras alas y aprender nuevamente a volar (Isaías 40:31).

No es de extrañar que en el número siete se encuentre el fundamento sobre el cual se construye toda la estructura del Evangelio Celestial. Es así como encontramos que el número siete, se menciona en mayor número de ocasiones en el libro del Génesis, y en el libro del Apocalipsis; estampando con esto, el

Sello Perfecto del Alfa y la Omega desde el primer día y hasta la eternidad.

En el libro del Génesis encontramos 53 referencias al número *siete*, y sorprendentemente en el Apocalipsis lo encontramos en 55 veces, dando esto como resultado, números prácticamente idénticos.

En revelación dada por Dios a Jesucristo, y entregada a Juan por medio de visión a través de su ángel, podemos notar la fuerte estructura sobre la que descansa el libro del Apocalipsis.

Algunos ejemplos de los hechos más importantes relacionados con el "número perfecto de Dios o Día Que No Terminó" en el Apocalipsis son:

- a. 1.[4]Siete iglesias.
- b. 1.[4]Siete espíritus.
- c. 1.[12]Siete candeleros.
- d. 1.[16]Siete estrellas.
- e. 4.[5]Siete lámparas.
- f. 5.[1]Siete sellos.
- g. 5.[6]Siete cuernos.
- h. 5.[6]Siete ojos.
- i. 8.[2]Siete trompetas.
- j. 10.[3]Siete truenos.
- k. 12.[3]Siete cabezas.
- l. 12.[3]Siete diademas.
- m. 15.[1]Siete ángeles.
- n. 15.[1]Siete plagas
- o. 15.[7]Siete copas.
- p. 17.[9]Siete montes.
- q. 17.[10] Siete reyes.

Como podemos notar, en la revelación del Siete de Dios descansa la base que pone fin al sistema religioso y político que ha gobernado al hombre. Bajo su estructura se nos revela el fin del gobierno del mal y la manifestación de los "cielos nuevos y la tierra nueva" (2 Pedro 3:13; Apocalipsis 21:1; Gálatas 6:15).

• El Libro de la Creación y sus Siete sellos

> *Apocalipsis 5:1-14.*

El libro de la Creación Divina fue sellado desde antes del principio de los tiempos *por Siete Sellos*, y Juan nos relata, que tan sagrado es este libro y sus sellos: que "ninguno, ni en el cielo, ni en la tierra, ni debajo de la tierra, podía abrir el libro, ni aun mirarlo." Razón por la cual, en su desconsuelo, el apóstol lloraba.

En las páginas de este libro estaba escrita la historia de la humanidad, su caída, y en especial su redención y eterna liberación. El no abrir este libro y romper sus siete sellos significaría no haber consumado el capítulo final y la victoria del bien sobre el mal.

Al profeta Daniel se le ordenó cerrar y sellar el libro profético hasta el tiempo del fin (Daniel 12:4,9). Por el contrario, la misión del Cordero de Dios fue abrir el Libro de la Vida y remover cada uno de sus sellos. De no haberlo hecho así, la historia de la humanidad y sus desaciertos habrían continuado repitiéndose en un ciclo sin fin.

En otras palabras, todas las diferentes escenas de sufrimiento y dolor que el apóstol Juan había visto hasta entonces no habrían cesado. Por eso, era de suma importancia que los Siete Sellos fueran abiertos, y la revelación del Libro de la Vida y la Verdad

El Reposo de Dios

fuese finalmente anunciado a todos los hombres para Libertad y Salvación (Apocalipsis 14:6; Efesios 1:15-19; Juan 8:32; 2 Corintios 5:18,19).

Pero la historia no termina ahí, puesto que Juan nos relata que se encontró a uno que si era digno de abrir los Siete Sellos.

De esta manera, uno a uno, los sellos fueron abiertos hasta finalmente llegar a *aquel que cerraría el ciclo de sufrimiento y dolor que aquejaba sobre la raza humana e iniciaría una era sin fin en la cual Dios "Enjugará... toda lágrima de los ojos de ellos; y en donde ya no habrá muerte, ni habrá más llanto, ni clamor, ni dolor; porque las primeras cosas pasaron" (Apocalipsis 21:1-5).

*El Propósito eterno de Dios de crear al hombre a su imagen y semejanza es completado, y el ciclo finalmente se cierra (Apocalipsis 22:16; 2:28-Isaías 14:12; Ezequiel 28:12,14; Génesis 3:1,5,22-Juan 3:14; Levíticos 16:8-10; Génesis 1:26; Romanos 8:29).

El cumplimiento de la visión celestial y el Día en que Dios "todo lo vio bueno" finalmente toma lugar sobre cada una de las mentes que, en su renovación, han alcanzado el Fin de los Siglos (Efesios 1:9,10; Romanos 12:2; 1 Corintios 10:11).

Solo cuando el hombre entra en el Eterno Presente de Dios, *las primeras* cosas -correspondientes al *sufrimiento descontrolado de la humanidad-* pasan. ¡Y así, las últimas obras preordenadas desde el Séptimo Día se cumplen en nuestra vida! (Génesis 2:2,3; Efesios 2:10).

Ahora no vemos solamente con nuestros ojos sino con los de Dios. Tampoco estamos limitados a nuestras palabras, sino que hemos aprendido a hablar el lenguaje de Dios a través del cual declaramos *desde Hoy* los beneficios de un cielo y una tierra nueva (Gálatas 1:4; Colosenses 1:13; 3:1-3).

> Gálatas 6. [15]Porque en Cristo Jesús ni la circuncisión vale nada, ni la incircuncisión, sino una nueva creación.

• El Número Siete y el Diseño de Dios

La estructura de numeración hebrea es un sistema alfabético en el que a las letras se les asigna un valor numérico. La letra del hebreo zayin (ז) representa al número siete. *El número siete, a su vez, representa a Dios y a su propósito. Este número también significa: orden, diseño, perfección, integridad, espiritualidad, plenitud y abundancia.*

El número Siete aparece cincuenta y cinco veces en el libro del Apocalipsis, siendo este el fundamento que nos lleva a descubrir el misterio oculto en su contenido. Mediante el cumplimiento Escritural basado en el "diseño del Siete de Dios," se desata el Fin de los Tiempos y el Reino de los Cielos se establece permanentemente sobre la tierra (Apocalipsis 3:12; Efesios 1:9,10; Colosenses 1:20).

En la visión apocalíptica dada a Juan, el Séptimo Sello fue el último en ser abierto. Tan importante es el Sello de Cumplimiento y Perfección que debió primero ser consumado. Después de lo cual, al hombre le es permitido leer el capítulo final escrito en el Libro de la Vida y, ¡al igual que Juan ver un nuevo cielo y una nueva tierra! (Apocalipsis 21:2).

El Reposo de Dios

El impacto de la ejecución del Séptimo Sello sobre la creación es tal que Juan dice que cuando se abrió, ¡se hizo silencio en el cielo como por media hora!

> Apocalipsis 8. ¹Cuando abrió el séptimo sello, se hizo silencio en el cielo como por media hora. ²Y vi a los siete ángeles que estaban en pie ante Dios; y se les dieron siete trompetas… ⁴Y de la mano del ángel subió a la presencia de Dios el humo del incienso con las oraciones de los santos.

Es solo hasta cuando nos atrevemos a dar el Séptimo y más trascendental paso de fe, que nuestras oraciones, siendo contestadas cobran vida ante la presencia del Señor.

Para este momento, la plenitud del Séptimo Sello siendo desatada pone fin al tiempo de espera. Finalmente, *nuestras vidas son transportadas a través de la fe hasta el cumplimiento de los tiempos* (Romanos 12:2; Gálatas 1:4; Efesios 4:23; 1 Corintios 10:11; Colosenses 1:13).

Aquí, se nos revela el mejor y más significativo capítulo de consuelo y amor, que alguna vez se haya contado acerca de la historia escrita en el Libro de la Vida y de las Obras de los Hombres.

En el presente continuo de Dios, el juicio, la ira y la destrucción que Juan presenció en su visión apocalíptica habrán sido solo una pesadilla pasajera borrada para siempre de la humanidad.

En el Hoy de Dios es donde tiene lugar el pleno despertar y renacimiento del hombre. En este momento eterno se cumple el doble Reposo, el doble Pentecostés y el perfecto Ayin (👁)

espiritual del año 70 (Lucas 4:21; Hebreos 3:7,13,15; 4:7; 9:24,26; Jeremías 29:10-14).

Este maravilloso día, abriéndose paso a través del tiempo, le permite al hombre adquirir la visión para ver a través de la desesperanza y la oscuridad, y así alcanzar el anhelado Reposo del ¡Día Que No Terminó!

Finalmente, el propósito eterno se ha impuesto sobre la imperfección, y la gracia que nos fue dada antes de los siglos, ha establecido lo infinito y posicional sobre lo relativo y temporal.

> 2 Timoteo 1. ⁹... según el propósito suyo y la gracia que nos fue dada en Cristo Jesús antes de los tiempos de los siglos.

En la quietud de Dios, finalmente descubrimos aquellos misterios que estuvieron ocultos en la profecía bíblica, pero que hoy son revelados para nuestro despertar y edificación (Daniel 12:4; 1 Corintios 2:7).

• La Creación Perfecta (Siete Veces Bueno)

En Génesis capítulo uno, el Señor, tras haber trazado la base de su maravilloso plan, expresó en Siete ocasiones la palabra "bueno" (Génesis 1:4, 10, 12, 18, 21, 25, 31).

Sin duda, el Eterno quedó muy complacido con su obra. ¡El motivo de tal satisfacción era claro y preciso! Aunque su creación tendría que enfrentar un proceso de transformación sin igual, el Todopoderoso, mantuvo la llave que atraería todas las cosas a su diseño originalmente predestinado. Fue entonces cuando, teniendo todo bajo control, ¡el Altísimo Reposó! (Efesios 1:9,10; Colosenses 1:20; 1 Corintios 15:22; 2 Corintios 5:19).

El Reposo prevaleciente en el paraíso de Dios, fue el marco ideal, para que la vida de Adán y Eva se desarrollara bajo la cobertura de su amor. Pero, una vez que estos desobedecieron, el plan divino vendría a ser como la bolsa de aire del auto, diseñada para salvar la vida después de un choque de magnitud como el que ha sufrido toda la humanidad.

El Siete, por lo tanto, es el Sello que distingue el poder y la perfección bajo los cuales el Supremo, en su propósito -de renovar y transformar los cielos y la tierra- abrigó desde el principio a toda la humanidad (Isaías 65:17; 2 Pedro 3:13; Apocalipsis 21:2; 1 Pedro 1:20; Apocalipsis 13:8; Hebreos 9:26).

• Las Siete frases que Jesús habló desde el madero

1. Y Jesús decía: Padre, perdónalos, porque no saben lo que hacen (Lucas 23:34).
2. Entonces Jesús le dijo: De cierto te digo que hoy estarás conmigo en el paraíso (Lucas 23:43).
3. … Jesús… dijo a su madre: Mujer, he ahí tu hijo. Después dijo al discípulo: He ahí tu madre (Juan 19:26, 27).
4. Cerca de la hora novena, Jesús clamó a gran voz, diciendo: … Dios mío, Dios mío, ¿por qué me has desamparado? (Mateo 27:46; Marcos 15:34).
5. Después de esto, sabiendo Jesús que ya todo estaba consumado, dijo, para que la Escritura se cumpliese: Tengo sed (Juan 19:28).
6. Entonces Jesús, clamando a gran voz, dijo: Padre, en tus manos encomiendo mi espíritu (Lucas 23:46).

7. Cuando Jesús hubo tomado el vinagre, dijo: Consumado es. Y habiendo inclinado la cabeza, entregó el espíritu (Juan 19:30).

De los pasajes anteriores podemos entender que Jesús tenía claridad y control sobre todo aquello que había sido determinado por el cielo. Cada una de sus acciones estaban dirigidas a dar cumplimiento a las Escrituras Celestiales (1 Pedro 1:19-20; Hebreos 2:14; 10:7-9; Mateo 26:53,54; Lucas 4:21).

Al igual que Jesús, es solo hasta cuando al creyente le es revelado el propósito divino que -siendo consciente de su posición eterna- habrá descubierto el misterio de la consumación del tiempo y alcanzado la eternidad del Fin de los Siglos (Efesios 1: 9, 10; Apocalipsis 10:6,7; 1 Corintios 10:11).

Una vez que sus hijos conozcan el secreto detrás de su Reposo, estarán libres de la inconsistencia de las obras de los hombres y caminarán en el diseño que el Dios omnisciente preparó de antemano para ellos (Hebreos 4:10; Efesios 1:3; 2:10).

> Efesios 2. [10]...creados en Cristo Jesús para buenas obras, las cuales Dios preparó de antemano para que anduviésemos en ellas.

¡Solamente en confianza plena el creyente podrá descansar bajo el cuidado del Padre y, por lo tanto, entrar a la plenitud del Día Que No Terminó! (Juan 10:30, 34,35; 17:21,22).

• Las Siete Fiestas al Señor

Había Siete fiestas dedicadas al Señor:

> *Levíticos 23:1-44.*
1. Pascua.
2. Panes sin Levadura.
3. Primicias.
4. Siete semanas o Pentecostés.
5. Trompetas.
6. El Día de perdón o expiación.
7. Tabernáculos.

Estas Siete fiestas estaban debidamente distribuidas entre la primavera y el otoño de cada año. El calendario judío y sus "Siete fiestas de celebración" funcionaba en *series de siete.*

La Biblia enseña que la obra de Dios comenzó y terminó en *siete días.* En cada uno de estos días el Eterno manifestó su aprobación (Génesis 1:4,10,12,18,21,25,31; 2:2,3), y por cada día de los siete días creativos ¡hay una fiesta de celebración!

La vida que Dios ha diseñado para sus hijos es una vida de descanso, basada en la libertad y la felicidad que desde antes Él preparó de antemano para nuestro bien (Efesios 1:3-5; 2:10).

> Deuteronomio 16. [13]La fiesta solemne… harás por siete días… [14]Y te alegrarás en tus fiestas solemnes, tú, tu hijo, tu hija… [15]Siete días celebrarás… porque te habrá bendecido Jehová tu Dios en todos tus frutos, y en toda la obra de tus manos, y estarás verdaderamente alegre.

Todas las festividades Israelitas se relacionan de una u otra forma con el Día Séptimo del Reposo de Dios. Veamos como el diseño profético y de revelación ¡se desarrolla maravillosamente desde la eternidad ante nuestros ojos!

1. Lo primero que sucedió después del Gran Reposo Mayor y tras la liberación de Israel fue la Pascua. Esta es una fiesta anual que se lleva a cabo durante *siete días.*
2. Siguiendo la estructura del Siete Divino vendría *el reposo semanal celebrado cada siete días* (Levíticos 23:3).
3. Continuando con el diseño del Siete bendito habría de celebrarse la fiesta de *las siete semanas o Pentecostés* (Levíticos 23:15-22).
4. Después vendría el turno de la triple fiesta de las Trompetas, la Expiación y los Tabernáculos celebradas el primer, décimo y quinceavo día del *séptimo mes* (Levíticos 23:23-25; 26-32; 33-44).
5. Luego de estas tres fiestas, el Reposo anual se celebra cada *siete años* (Levíticos 25:3-7).
6. Y finalmente, el Año agradable del Señor o Año de Jubileo, fijado para festejarse *cada siete años multiplicados por siete*. Este sería un año excepcional, dedicado a ejecutar cuidadosamente, la liberación plena del Reposo Divino sobre la nación cada 50 años (Levíticos 25:8-14; Isaías 61:1-4; Lucas 4:19).

Por lo tanto, tenemos:

a. La Pascua, celebrada durante *siete días.*
b. El reposo sabático celebrado cada *siete días.*
c. La fiesta de las *siete semanas* o cincuenta días después de la Pascua.

> d. La fiesta de las Trompetas, Expiación y Tabernáculos, todas celebradas el *séptimo mes.*
> e. El reposo anual celebrado cada *siete años.*
> f. El reposo de los *siete años multiplicados por siete*. Este es el año de la liberación, o "año agradable al Señor" celebrado cada 50 años.

El cumplimiento y significado de cada una de estas fiestas nos lleva a la Consumación Bíblica, y a la presencia del Padre manifestada a través de Su resplandor en el día de Pentecostés. (Lucas 4:16-22).

Así como Israel caminó sobre el marco escritural profético del siete de Dios, así también, el hombre alcanza el cumplimiento de todas las fiestas en una sola—completando de este modo el camino que comenzó en la Pascua. La vida del creyente se fundamenta en la comunión y unidad permanente con Dios, representada en la Fiesta de los Tabernáculos (1 Corintios 5:8; 6:17; Juan 17:21,22).

La Séptima y Última Fiesta descubrió la puerta hacia la Reconciliación y el Reencuentro eterno del Padre con su Creación. Mostrando así la perfección alcanzada después de que se completa *el ciclo del siete* en la vida del hombre (Job 5:19; Isaías 26:1-4; Apocalipsis 3:12; 21:1; Colosenses 3:1-3; 2 Corintios 5:18; Juan 17:21,22).

Razón suficiente para concluir que, en la correcta interpretación del Siete de Gloria, el hombre no sólo encuentra el cumplimiento del plan profético sino también la herencia de su plenitud espiritual.

No por casualidad, Jesús habló de una vida abundante y una sensación de paz que sobrepasa todo entendimiento. ¡Todo lo cual podemos lograr a través del Día Perfecto, El Día Que No Terminó!

• Una Fiesta permanente

Pablo exhorta a los Corintios a celebrar la fiesta continua, en la que por Cristo somos transformados de una vieja masa a una nueva, y en la que (por estar limpia) se nos declara "sin levadura como sois."

- ✓ 1 Corintios 5. 7… porque nuestra pascua, que es Cristo, ya fue sacrificada por nosotros. 8Así que celebremos la fiesta (sin levadura como sois. Vs.7.)

Nótese que el verbo "celebremos" es usado aquí en tiempo presente, por lo que convierte la fiesta de los *siete días* en una celebración que comienza, pero no tiene fin.

La celebración comenzó llevándose a cabo cada *siete días*, luego cada *siete semanas*, cada siete meses, cada *siete años*, y, por último, cada *siete años* multiplicados por *siete*.

Cada uno de estos cumplimientos alumbran el camino de regreso al Día Perfecto e Interminable de Dios, el Día sin fin que comenzó entonces, ¡y continúa aún! (Génesis 2:2; Éxodo 13:6,7).

Es importante recordar que, durante el tiempo o periodo de Reposo, y en especial durante el Año de Jubileo, se perdonaban las deudas; razón por la que aún antes de que llegase aquel día, ya el proceso de reconciliación y paz había iniciado. Por ejemplo, aquel a quien se le debía dinero, debía de perdonar la

El Reposo de Dios

deuda en su totalidad durante la festividad; por lo que ante la posibilidad de perder todo lo que se le debía buscaba un arreglo amistoso con su deudor (Levíticos 25:8-16).

Por esta, y otras razones que involucraban el perdón y la libertad, este era un tiempo muy especial, un tiempo de reconciliación, de amistad y fraternidad sin igual. Este tiempo maravilloso es al que el apóstol Pablo se refiere cuando habla de "celebremos la fiesta." Esta afirmación apostólica se entiende como un llamado de fe y de victoria a través del cual el creyente es invitado a gozar de sus promesas liberadoras.

Sin duda que, *completar el "camino del siete"* es la clave que nos lleva hacia el conocimiento, la sabiduría ¡y la plenitud del gozo, la paz y la bendición eterna!

• Siete (ז), Símbolo de Poder, Plenitud y Perfección

Algunos pasajes bíblicos que nos muestran la posición de Poder, Plenitud y Perfección manifestado en el número Siete según la mente divina son:

En el libro de Josué, capítulo seis, verso cuatro, leemos sobre:

- Siete sacerdotes.
- Siete bocinas.
- Siete vueltas.
- Siete días.

Según podemos notar en los versos siguientes, *el Séptimo día*, fue el día de la gran victoria. El día en que la tierra tembló, y los muros finalmente cayeron.

> Josué 6 ¹⁵Al séptimo día se levantaron al despuntar el alba, y dieron vuelta a la ciudad de la misma manera *siete veces*; solamente este día dieron vuelta alrededor de ella *siete veces*. ¹⁶Y cuando los sacerdotes tocaron las bocinas la *séptima vez*, Josué dijo al pueblo: Gritad, porque Jehová os ha entregado la ciudad. ²⁰Entonces el pueblo gritó, y los sacerdotes tocaron las bocinas; y aconteció que cuando el pueblo hubo oído el sonido de la bocina, gritó con gran vocerío, y el muro se derrumbó.

No es de extrañar que Dios escogiera al Día Séptimo, como el día de la gran victoria, el día en que el muro se derrumbó. El día en que la gloria y el poder de Dios se manifestarían a favor de sus hijos.

El Séptimo es el día en que todo lo malo y destructivo es derrotado. El día en que la lógica y la realidad que se alimenta en las verdades temporales fueron arrasadas ¡por el poder de la fe y lo eterno!

En este día, lo que parecía locura, imposible e ilógico de alcanzar para la mente natural, fue desplazado por un formidable milagro. ¡Un evento decisivo que -como un terremoto- desató la gloria de Dios en el Séptimo Día, derribando así toda barrera de incredulidad y todo muro de imposibilidad!

¿Acaso después de haber intentado a nuestro modo, no lo intentaremos al suyo? ¿Estaría usted dispuesto a recibir una completa transformación? Una que quizá no pueda ser contenida, sino que alcance a muchos otros a su alrededor.

- ✓ *Enoc fue el séptimo desde Adán*

"…y caminó, pues, Enoc con Dios, y desapareció, porque le llevó Dios" (Judas Vs.14; Génesis 5:24).

Cuando decidimos caminar con Dios y creer en su palabra posicional; sucede el momento en que el yo, con sus limitaciones y debilidades "deja de ser en el tiempo," ¡Solo para ser tomado y transformado por la infinita sabiduría y poder de Dios! (Gálatas 2:20; Efesios 2:6; Colosenses 2:12,13; 2 Timoteo 1:10).

Dios trasladó a Enoc, y este desapareció. Cuando en nuestra vida comprendemos los beneficios que tiene el traslado divino; ese día estaremos dispuestos a ser renovados y reposicionados en el espíritu de nuestra mente hacia un mejor lugar (Efesios 4:23; Romanos 12:2; Colosenses 1:13; 3:1,2).

Un lugar de bendición, en donde al estar rodeados de eternidad, las preocupaciones y limitaciones propias del tiempo dejan de existir. ¡En este lugar de seguridad y confianza no tenderemos falta de nada! (Efesios 1:3; Colosenses 2:10).

- ✓ Noé llevó los animales limpios al arca en parejas de *siete* (Génesis 7:2,3).

El diluvio vino *siete días* después que Noé entrara en el arca (Génesis 7:9-10). El arca llegó a su destino y descansó sobre las montañas del monte Ararat en el *séptimo mes* (Génesis 8:4).

Cuando el diluvio viene podemos estar seguros de que la plenitud y perfección de su amor nos guardará de todo mal. En tanto todo lo demás podría anegarse, el creyente permanecerá firme en Cristo y en el refugio que encontramos en ¡El Día Que No Terminó!, el Día de su Eterna Salvación (1 Pedro 1:19, 20; Apocalipsis 13:8; Hebreos 9:26; 2 Timoteo 1:9).

✓ *La Escritura nos enseña que siete personas fueron salvas junto con Noé.*

> 2 Pedro 2. ⁵ ...si no que guardó a Noé, pregonero de justicia, con otras siete personas.

Siete, es el número utilizado para mostrarnos la importancia y gran valor que tiene un nuevo comenzar. No solo esto, sino que la redención de toda la creación es manifestada en Cristo, por quién las Siete fiestas judías se cumplen, ¡el Séptimo Sello Apocalíptico es Consumado y la Nueva Creación revelada! (Gálatas 6:15; 2 Corintios 5:17; 1 Corintios 5:8; Apocalipsis 6:1; 8:1; 21:2).

✓ Antes que Aarón y sus hijos iniciaran su servicio sacerdotal, fueron consagrados durante siete días (Levíticos 8:31-36).

El hijo de Aarón, que tomara su lugar como sacerdote, debería colocarse las vestiduras sagradas de Aarón por *siete días* (Éxodo 29:2,30).

En el cumplimiento de los Siete Días, todos somos vestidos con el Resplandor de Dios *en la imagen y semejanza de Cristo y su justicia* (2 Corintios 5:21).

Él es el postrer Adán, en quien, todos -siendo un solo cuerpo- somos trasladados a una nueva dimensión o realidad espiritual (1 Corintios 12:27; 15:45; Romanos 8:29; 2 Corintios 3:18; Gálatas 4:19; 6:15; Colosenses 1:23).

> Romanos 13.¹⁴... vestíos del Señor Jesucristo
> Efesios 4.²⁴y vestíos del nuevo hombre, creado según Dios

El Reposo de Dios

- ✓ En el día de la expiación, el sumo sacerdote esparcía la sangre *siete veces* delante del propiciatorio (Levíticos 16:14).

El ejercicio sacerdotal ante el propiciatorio retrata la obra perfecta y eterna de Cristo, quién «… por su propia sangre entró una vez para siempre en el Lugar Santísimo, habiendo obtenido eterna redención» (Hebreos 9:12).

Aquello que la ley Mosaica no pudo lograr, ha sido alcanzado mediante la Ley del Espíritu de vida, con la cual, desde la eternidad de su Reposo, somos revestidos de la justicia y santidad de Cristo (2 Corintios 3, 2-9; Romanos 8, 1-3; Hebreos 9:26; 10:1; Apocalipsis 13:8; 2 Timoteo 1:9; 2 Corintios 5:21).

> Hebreos 10.[14]porque con una sola ofrenda hizo perfectos para siempre a los santificados.

- ✓ A Salomón le tomó *siete años* construir el templo de Dios (1 Reyes 6:38).

Una vez finalizada la construcción del templo, Salomón, junto con el pueblo hicieron fiesta solemne durante siete días. «Entonces hizo Salomón fiesta siete días…» (2 Crónicas 7:8) y «habían hecho la dedicación del altar en siete días» (2 Crónicas 7:9).

Es importante recordar que para que el templo fuera construido de conformidad con las especificaciones divinas, debió ser Salomón y no David quien lo edificara (1 Crónicas 22:8,9; 1 Reyes 8:19,20). Además, la construcción se llevó a cabo por un período de *siete años* y la fiesta de dedicación se celebró durante *siete días*.

Sin duda alguna que, desde el principio de la creación y a través de los tiempos, *el número siete* ha tenido un trato especial dentro del lenguaje de Dios y la revelación de su divina voluntad.

- ✓ Dos milagros realizados por medio de Eliseo fueron sellados con *el número siete.*

Según el relato bíblico, por mano de Dios, usando al profeta Eliseo, el niño resucitado estornudó *siete veces* antes de abrir los ojos.

> 2 Reyes 4. [32]Y venido Eliseo a la casa, he aquí que el niño estaba muerto tendido sobre su cama. [35]... y el niño estornudó siete veces, y abrió sus ojos.

- ✓ Naamán, jefe del ejército del rey de Siria, «se zambulló *siete veces* en el Jordán» antes de ser sanado de la lepra.

> 2 Reyes 5. [14]El entonces descendió, y se zambulló siete veces en el Jordán, conforme a la palabra del varón de Dios; y su carne se volvió como la carne de un niño, y quedó limpio.

Naamán cree, y en su obediencia, se zambulle *siete veces,* y con esto, logra obtener el milagro que siempre había anhelado.

- ✓ La plenitud divina representada simbólicamente a través de *los siete espíritus* de Dios.

> Apocalipsis 4. [5]Y del trono salían relámpagos y truenos y voces; y delante del trono ardían siete lámparas de fuego, las cuales son los siete espíritus de Dios.

El fundamento sobre el que se da la visión a Juan reafirma la necesidad del creyente de saber utilizar adecuadamente el cumplimiento de la plataforma profética.

Quién sea capaz de ver más allá de la desolación y el caos reinante bajo el gobierno del hombre y *el fin de los tiempos,* encontrará la llave que nos abre el camino hacia el Día Perfecto, el Día de su Eterna Bendición.

Las Siete lámparas, los Siete espíritus y los Siete ojos no son otra cosa más que la revelación del número que representa la plenitud del poder, la sabiduría y la luz. Atributos divinos necesarios para restaurar todas las cosas y llevar al creyente a una vida más allá de la perfección.

En el Misterio Consumado del Dia Séptimo de Dios, el hombre se alejó por un tiempo, pero regresa. Y tal cual hijo pródigo, es vestido de traje nuevo, hecho a la imagen y semejanza de Dios (Lucas 15:11-32; Isaías 57:16; 1 Timoteo 4:10; Romanos 5:18; 11:32; 1 Corintios 15:22; 2 Corintios 5:19; 1 Juan 2:2; Juan 6:12,13).

Con esta imagen, el hombre hereda todas las cosas pertenecientes a la Nueva Creación representada en Cristo, el postrer Adán, el cual es la gloria misma de su Divino Resplandor (Hebreos 1:3; Colosenses 1:15; Filipenses 1:6; Romanos 8; 29; Gálatas 4:19).

• El Edén Profético de Elohim

En el libro del Génesis, capítulo uno, verso veintiséis, hasta el capítulo dos, verso tres, se nos presenta un Edén perfecto. En este Edén, el hombre y la mujer son creados en respeto mutuo e igualdad de condiciones. Ambos fueron creados el mismo día, y a los dos se les dio por nombre Adán. En este huerto o jardín, no existen reglas o mandamientos que quebrantar, pues todo es perfecto.

> Génesis 1.²⁹"todo árbol en que hay fruto y que da semilla; os serán para comer."

En este escenario, la serpiente ya no está presente. Y el hijo Adán, creado a imagen y semejanza del Padre, ejerce la gloria y autoridad que procede de la imagen y semejanza sobre toda la creación. Además, y cómo si todo esto fuera poco, al final de su visión profética, el Todopoderoso protege los nuevos cielos y la nueva tierra mediante eterna bendición. ¡Después de lo cual, pone el Sello de Reposo y Perfección sobre toda su maravillosa creación!

Todo este relato es más que maravilloso, pero ¿y entonces que pasó? Lo que sucede en esta historia, solo puede entenderse hasta que nos damos cuenta de que todo esto se desarrolla desde la perspectiva celestial y su eterno presente. Lo cual significa que, desde la dimensión infinita, estos acontecimientos se pueden considerar un hecho consumado. Aunque, en nuestro espacio de tiempo, ¡la visión divina tuvo que materializarse para alcanzar su pleno cumplimiento!

Desde antes de los tiempos, todo lo creado había sido sellado y bendito mediante la sabiduría de Dios y el diseño eterno contenido en su visión profética. Ahora era el momento, en que el Plan Maestro, comenzaba a ejecutarse, desde la Eternidad de su Reposo, y a través de los Siglos.

El Reposo de Dios

En este instante, tanto el Sello en forma de promesa, como el hombre y el Edén, deberían de ser plantados o materializados. De manera que al cumplirse todo lo escrito, pudieran estos alcanzar la gloria contenida en la imagen y semejanza divina, reservada por la mano de Dios desde antes del principio de los Siglos.

Nótese, como el libro del Génesis, menciona la ejecución precisa de esta segunda etapa dentro del propósito eterno.

> Génesis 2. ⁸Y Jehová Dios *plantó* un huerto en Edén, …y puso allí al hombre que *había formado*.

Es crucial tener presente que, antes de que el segundo escenario apareciera con el árbol y la serpiente, Dios ya había visto y declarado que todo lo creado "era bueno en gran manera." Es así como el propósito divino de darle al ser humano su imagen y semejanza se puso en movimiento.

Para esto, el hombre debería aprender a sumar y a restar. Dicho en otras palabras, el hombre debería de ser como Dios, "sabiendo el bien y el mal."

¿Cómo poder reconocer lo que es bueno cuando no se tiene entendimiento de lo que es malo? ¿Cómo poder agradecer por lo bueno de la vida cuando no se tiene conocimiento del bien o el mal?

En este camino, hasta entonces inexplorado, el hombre tendría que salir de su estado de inocencia, para formarse a través de un proceso de conciencia que hasta entonces era conocido solo por Dios. En este estado, el hombre debería de aprender a diferenciar entre lo que es bueno, y lo que no lo es.

Para lograr que el plan diseñado desde la eternidad se cumpliera, -ya desde antes de la fundación del mundo- un cordero reconciliatorio debió de ser preparado bajo un propósito extraordinario (1 Pedro 1:19, 20; Apocalipsis 13:8).

Aparte del árbol de la vida, otro árbol debió ser sembrado por la mano del Padre. Árbol que, por abrir los ojos del hombre al conocimiento de lo bueno y lo malo, llegaría a ser (dentro del propósito divino) "tanto polémico como especial."

Además del árbol del "conocimiento del bien y del mal." La serpiente, habría de jugar un papel relevante a la hora de incitar al hombre, con la arrogancia de un bello, -pero doloroso y a la vez necesario-, deseo de "ser igual o semejante a su Creador."

Es solo hasta que Adán quebranta el principio de inocencia que Dios dice: "ahora el hombre es como uno de nosotros, sabiendo el bien y el mal" (Génesis 3:22).

Ciertamente, este no fue un evento de celebración. ¡Aunque complejo y desafiante, el proceso transformativo de Adán a la conciencia y gloria de un Hijo heredero había comenzado! (Romanos 8:29; Gálatas 4:19; 2 Corintios 3:18).

Ya para este momento, el hombre no es más una forma de inteligencia programada para obedecer. Conociendo y entendiendo el bien y el mal, el hombre ahora puede buscar y gozar de una relación con la totalidad de Dios (Efesios 3:17-19; 4:6).

Debemos entonces entender que cuando la Biblia señala que Dios acabó toda la obra en el Día Séptimo, lo que la Escritura dice es que, en este Día, Dios terminó de Escribir y Confirmar Su Plan Maestro con respecto al hombre.

Una voluntad en la que, sellando su propósito, el Padre Eterno decide heredar sus hijos con la gloria de su imagen y la semejanza de su grandioso poder (Génesis 1:26; Efesios 1:9-11; 4:24).

• La Sabiduría y el Hijo Eterno de Dios

✓ *La sabiduría edificó su casa, y labró sus siete columnas (Proverbios 9:1).*

La casa que construyó la sabiduría de Dios habría de ser una casa muy grande, pero, sobre todo, una casa segura y fundamentada sobre la consistencia y fortaleza de sus Siete columnas.

En este escrito proverbial se nos muestra a la sabiduría, labrando, y construyendo. No por casualidad, cuándo el apóstol Pablo le presentó a Cristo a los Corintios, se los mostró como: "poder de Dios, y sabiduría de Dios."

De manera que Cristo habría de ser Poder para aquellos que, como los judíos buscaban el cumplimiento profético en las señales y en los milagros. Y sabiduría, para quienes, como los griegos buscaban el poder que da la buena educación y el conocimiento (1 Corintios 1:24).

En todo este maravilloso contexto figurativo y de fe, *la Sabiduría no solo es engendrada o nacida de Dios, sino que a la Sabiduría también se le concede la preeminencia, el principado, y el poder para crear y gobernar.*

Además, y como si esto fuera poco, a la Sabiduría también se le da el poder *para salvar* a todo aquel que en obediencia se acerque a ella.

> ➢ *Proverbios 8:22-36.*

En Proverbios, capítulo 8, del verso 22 al 36, podemos mirar algunas características figurativas atribuidas a la personificación de la Sabiduría.

Leamos cuidadosamente el contenido bíblico escrito por el gran rey y sabio, Salomón.

> Proverbios 8. ²²Jehová me poseía en el principio, Ya de antiguo, antes de sus obras. ²³Eternamente tuve el principado, desde el principio, Antes de la tierra …²⁵Antes que los montes fuesen formados, … ya había sido yo engendrada. ²⁹ …Cuando establecía los fundamentos de la tierra, ³⁰Con él estaba yo ordenándolo todo, Y era su delicia de día en día …³⁵Porque el que me halle, hallará la vida, ³⁶Mas el que peca contra mí, defrauda su alma.

Antes que todo, es importante señalar que según el verso veinticinco, la sabiduría de Dios fue engendrada o nacida del Padre, y por ser anterior a todas las cosas heredó el título de "Primogénito y Príncipe" de toda la Creación.

Mucho antes de que los montes fuesen formados, ahí estaba yo como arquitecto ordenándolo todo, y junto a mi padre, "yo era su delicia de día en día" (Vs.29, 30) cf. Juan 1:1-3,9; Hebreos 1:2,3; Colosenses 1:15-17.

El Reposo de Dios

Por haber salido de Dios, (Jehová me poseía en el principio). "Yo, la Sabiduría," recibí eternamente la autoridad, y el derecho al trono como Hijo príncipe engendrado de Dios y como Rey. Por esta razón, todo aquel "que me halle, hallará la vida, más el que peca contra mí, defrauda su alma" (Vs. 35, 36) cf. Juan 16:28; Colosenses 1:15; Hebreos 1:6.

De hecho, podríamos interpretar este hermoso lenguaje bíblico de manera simbólica y figurada o abrazarlo como un evento esclarecedor y profético.

En el texto bíblico, la Sabiduría de Dios, siendo engendrada y ejerciendo su principado eterno, aparece junto con el Padre, "diseñando y estableciendo los fundamentos de la tierra."

Siguiendo la corriente de pensamiento del escrito bíblico, podemos deducir que: Al principio, y antes que todas las cosas, solamente había una existencia que lo llenaba todo, y esta existencia era Dios.

Siendo único y llenándolo todo, en algún momento de la eternidad decide tener un amigo, compañía o reflejo de sí mismo. ¿Y qué mejor que un Hijo? Un príncipe, que siendo de la misma esencia y resplandor de su imagen y semejanza, heredaría su reinado.

Hasta este momento hemos contemplado la idea de un Dios que decide reflejarse y reproducirse en una imagen o sustancia creativa e inteligente, capaz de engendrar y reproducir la conciencia del Padre sobre toda la nueva creación (Romanos 8:29; Gálatas 4:19; 6:15; 1 Corintios 2:16; 2 Corintios 3:18; 5:17; Efesios 4:24).

Este poder creativo no es otra cosa, que el Amor de Dios y su Alma engendrada como Hijo de Hombre o Cristo (Hebreos 2:14, 17; 10:5; Lucas 9:56). Quién a la vez recibe toda autoridad para llevar a cabo el propósito de Dios plasmado en la nueva creación y su diseño eterno (Mateo 28:18; 2 Corintios 5:19; Efesios 1:9,10; Colosenses 1:20).

> Hebreos 10.[38]MAS EL JUSTO VIVIRÁ POR FE; Y si retrocediere, no agradará a mi alma.

✓ *Introducción del Hijo Eterno a este Mundo*

Alrededor de setecientos años antes del nacimiento de Jesús, el profeta Isaías profetizó acerca de uno que sería Hijo y Padre a la vez. Este niño traería consigo una herencia o principado sobre su hombro y sería conocido como: Consejero (o portavoz de la sabiduría divina), Dios Fuerte, Padre Eterno, y Príncipe de Paz (Isaías 9:6).

En el cumplimiento de este lenguaje profético celestial, el escritor a los hebreos nos confirma un detalle revelador. Al Hijo del Cielo, o Hijo Eterno de Dios, había que prepararle un cuerpo para darle a conocer al hombre y cumplir así con su ministerio sobre la tierra.

En una traducción muy acertada de Hebreos 10:5, la Biblia Latinoamericana traduce: Por lo cual, al entrar Él en el mundo, dice: Sacrificio y ofrenda no has querido, pero un cuerpo has preparado para mí.

Curiosamente, el pronombre personal Él, usado en el texto anterior, se refiere al resplandor y la imagen de Dios mismo como el Hijo Eterno.

El Reposo de Dios

Como Sabiduría y Poder del Padre (Proverbios 8:14; 1 Corintios 1:24), el Hijo proclama el cumplimiento de su propósito al venir y poner fin a los sacrificios que desviaron al hombre de la verdadera fe.

Según el texto, para que esto sucediera, era necesario preparar un cuerpo que en adelante sería el vehículo portador de uno que vendría a ser conocido en el mundo bajo diferentes nombres y variados calificativos.

Para los griegos era la Sabiduría; para los creyentes judíos, el Poder del Cristo prometido. Para el resto del mundo, sería conocido como la Luz, el Resplandor, la Imagen y Semejanza de Dios, o la Conciencia Universal que nos permite brillar en la oscuridad (Génesis 1:26; Hebreos 1:2,3,5; Colosenses 1:15; Juan 1:4,9; 16:28; Hebreos 10:5; 2:14; Filipenses 2:5-11; 1 Corintios 15:45; Colosenses 3:10,11; 1 Corintios 1:24,30; Proverbios 8:1-36).

> Hebreos 2.[14]Así que, por cuanto los hijos participaron de carne y sangre, él también participó de lo mismo.

• 6 (ו), Número de hombre y día de Reconciliación

La sexta letra del alfabeto hebreo, Vav, equivale al número Seis, y representa al hombre, su historia y su reencuentro con el propósito de Dios. Algunos asombrosos y reveladores significados de este número son *hombre, pecado, carne, clavo, gancho, anzuelo, vínculo, y unificación*.

Al número Seis, o letra Vav, en el hebreo se le conoce como, "el Vav de conexión" y es equivalente a la letra "Y," de nuestro alfabeto. Un ejemplo interesante de su uso en la Biblia es el texto del Génesis: "En el principio Dios creó los cielos *y (6/ Vav)* la tierra."

En este texto, el Vav, o Seis de conexión, se utiliza para vincular los cielos con la tierra. El Seis también representa el día en que los hombres recibieron un cuerpo tomado del polvo y el día en que, a través del Reposo celestial, el hombre encuentra el camino hacia la reunificación.

La relevancia del Seis Creativo, o Vav de Conexión, es tal, que nos lleva hasta antes del principio de los tiempos, en donde se dice que el Absoluto y Eterno se "contrajo a sí mismo," para crear un espacio vacío. Este espacio creado, por el Todopoderoso, habría de ser el vientre o lugar en donde se gestaría la existencia de los mundos finitos.

Una vez concebido el propósito creativo de la vida y la materia según la conocemos, el Eterno produjo de sí mismo una línea unificadora resplandeciente de vida y de luz. Este rayo de luz o cordón umbilical no es otra cosa más que el Vav creativo o Seis de conexión, en dónde se encuentra el secreto que une el tiempo y la materia con el infinito de Dios (Juan 1:1-3,9,10).

Esta es la razón por la que muchos han encontrado en el Seis de Conexión la clave secreta que cambia nuestro estado actual y nos hace participantes activos del Día de Reposo y las cosas que aún están por venir (1 Pedro 5: 1; Efesios 2:10; Hebreos 6:5).

✓ *El Seis creativo a través de los tiempos*

A diferencia de nuestro idioma, en la lengua hebrea, el verbo ser, en su estado presente simple, no existe. De ahí la importancia que tiene el rol asignado al Seis creativo o Vav de Conexión a

El Reposo de Dios

la hora de vincular y construir el tiempo verbal al cambiarlo "de pasado a futuro y viceversa."

En el Vav de Luz o Resplandor Divino, nuestra vida y sus hechos pasados y futuros están entrelazados con la eternidad. Esta es la manera en que nos reencontramos con el presente continuo de Dios. El Día Bendito de su Reposo desde donde encontramos la seguridad y el equilibrio que nos libera del tiempo y nos une con ¡El Día Que No Terminó!

El Seis de Dios implantado en la vida del hombre, es una poderosa conexión que unifica al creyente a través del tiempo y el espacio *con el todo de Dios.*

Cuando nos ligamos con su significado espiritual, un sentimiento de unidad, realización y pertenencia al propósito eterno y su diseño original comienza a operar desde la eternidad y a través del tiempo en nuestra vida.

Conocer lo terrenal y lo eterno, unido por el Diseño del Seis Creativo de Dios, nos ayuda a alcanzar sanidad y nos hace ser portadores de la paz a un mundo que necesita ser unificado.

De manera que, quien conozca el valor operativo del número Seis dentro del Día de la Herencia habrá alcanzado la Sabiduría y el Equilibrio para cruzar la cortina del tiempo y ver más allá de lo temporal. Y no solo esto, sino que habrá encontrado la puerta que lleva hacia el Día Bendito y Perfecto. El Día, desde donde, todos los vacíos y desaciertos de nuestro pasado pueden ser rectificados.

Ya desde el inicio, el papel asignado al Seis Creativo de Dios fue de reunir todas las cosas que desde el principio habían sido separadas. Recordemos que, justo al acabar el día sexto. En el Día Séptimo, el Día Perfecto o Día del Eterno Reposo, Dios lo vio todo bueno, lo bendijo y lo mantuvo en unidad, apartándolo mediante su Sello de Santificación (Génesis 2:2,3; 2 Corintios 5:18,19; 1 Timoteo 4:10).

Entrar a este Día de Perfección habría sido imposible a no ser que dentro del día sexto o día del hombre existiera la reconciliación. Es aquí precisamente en donde el hombre encuentra "los clavos o vínculo" de su reunificación.

En el día seis, el hombre se encuentra con su Creador, se separa de Él por un corto tiempo, y al finalizar el día, vuelve a encontrarse con el Día de su Eterno Resplandor.

El seis en su significado de gancho o anzuelo atrae y unifica dos partes que antes estaban separadas. Por tanto, los cielos y la tierra, lo espiritual y lo material han sido unificados a través de la reconciliación (Efesios 1:9,10; Colosenses 1:20).

La casa temporal o tabernáculo de Moisés, representaba la unión de los cielos y la tierra; este tabernáculo celestial estaba fuertemente arraigado a la tierra mediante ganchos o Vavs, que ya desde entonces anunciaban la perfecta unidad e inseparabilidad entre Dios y el hombre (2 Corintios 5:1).

Es aquí en donde podemos contemplar toda la magnitud de la obra divina y su eterno propósito. Aunque bajo la dimensión del tiempo, nos hemos visto a nosotros mismos separados. La verdad es que (eternamente hablando) nunca hemos dejado de ser uno con Él (Efesios 1:3-12).

Es decir, en la eternidad divina, nuestro pasado, presente y futuro ha sido enganchado o clavado al Día Perfecto (Eclesiastés 1:9; 3:15; 1 Corintios 3:21-23). Este es el Día Bendito que fija al hombre a la libertad del año agradable al Señor (Isaías 61:1,2; Lucas 4:19).

- ✓ *De dos, hizo un solo y nuevo hombre*
- ➢ *Efesios 2:11-16.*

En la Biblia, hay una gran cantidad de analogías comparativas que, a pesar de su importancia, pasan desapercibidas ante nuestros ojos. Una de ellas la encontramos cuando en su carta a los Efesios, el apóstol Pablo cita a los judíos y a los gentiles. En aquel tiempo los primeros eran: "el único pueblo santo de Dios" y los últimos, aquellos: "que ni eran pueblo santo, ni tampoco tenían Dios."

Unos, por lo tanto, se consideraban a sí mismos santos y los otros, al no estar bajo el pacto de la ley mosaica: "ni siquiera podían ser considerados como pecadores."

Interesantemente, el apóstol Pablo afirma que, al abolir las enemistades entre ambos pueblos, Dios creó de los dos, "un nuevo hombre." Por esta razón, podemos afirmar que (en lenguaje divino), ya no existe tal cosa como el santo y el inmundo, el judío o gentil. Finalmente, Dios ha reconciliado a ambos, en un único y nuevo cuerpo, a través de la revelación de la obra de Cristo (1 Timoteo 4:10; Gálatas 6:15).

Por consiguiente, ambas naciones, aunque según las enemistades de la carne eran opuestas, ahora son consideradas una sola. De la misma manera, el creyente debe considerarse muerto al pecado una vez y para siempre, clavado, circuncidado, separado del mal y perfeccionado por medio del Cristo reunificador o Vav de Dios (Romanos 6: 6,11; 8:3; Gálatas 6:17; Colosenses 2:11; Hebreos 10:14; 1 Juan 3:9; 2 Corintios 5:18,19).

En las Sagradas Escrituras, el vínculo del reencuentro al finalizar el día sexto de Dios es representado en Cristo Jesús; el hijo del hombre o manifestación del postrer Adán, en quién la historia de la humanidad se separa y se reencuentra bajo una completa y nueva creación (Efesios 1:9,10; Colosenses 1:20; Gálatas 6:15).

Existe una característica muy atrayente en el Vav, sea que lo veamos como figura del Resplandor Divino en Cristo o como el Seis que conecta y unifica al hombre con El Día Que No Terminó. Cuando la Y de unidad o el Seis de Reconciliación se pone delante del tiempo pasado, "yo existí" lo convertirá en el futuro "yo existiré," de la misma forma, sí se pone detrás del tiempo futuro, "yo existiré" lo convertirá en el pasado "yo existí."

Entonces, en hebreo bíblico, el número *seis o vav* tiene la función de transformar o invertir el tiempo aparente de un verbo a su opuesto. Esto es, del pasado al futuro, y del futuro al pasado.

Podríamos entonces preguntarnos si existen algunas otras aplicaciones prácticas y de fe, relacionadas con el número Seis y su operación, a través de los tiempos en nuestras vidas.

- ✓ *¿Por qué escribirlo de la manera opuesta y luego poner un Vav, gancho o Seis para cambiar el tiempo?*

La asignación del Seis de unión y transformación muestra que el estado presente de las cosas no representa el concepto fundamental del Hoy de Dios. Por lo que, siendo un estado transitorio, viene a ser una conexión intermedia que unifica el pasado y el futuro con la eternidad divina (2 Corintios 4:18).

El Reposo de Dios

Entendiéndose así, la importancia, la unidad e interconexión dentro del ciclo de la vida, las acciones del hombre, y la inseparabilidad entre todas las cosas y el Creador.

En el Seis de la Creación, las acciones pasadas y futuras del primer y último Adán están conectadas (1 Corintios 15:45; Romanos 5:18). Esto demuestra que los eventos pasados son significativos para el futuro y los eventos futuros son decisivos para el presente.

El Seis de la Creación nos permite evolucionar hacia el equilibrio interior y alcanzar la sanidad del alma. Este es el vínculo con el Día Perfecto, el Día Bendito, donde se curan todas las heridas y fracasos de lo transitorio y temporal.

Es por esto, que, en el seis del hombre y su reencuentro con Cristo, el hombre no solamente es libre de las limitaciones del tiempo, sino que también es reunificado con el Día Séptimo, el Día Bendito que comenzó entonces y que continúa aún. ¡El Día de plenitud y perfección!

• La Consumación de los Tiempos

Según los estudiosos bíblicos, hay siete dispensaciones a través de todos los tiempos, siendo la última de ellas el Reino.

No olvidemos que una dispensación, es un periodo en que cierto propósito divino es cumplido; así es como se ha llegado a identificar *siete épocas* principales.

1-Inocencia **2**-Conciencia (Génesis 3:23). **3**-Gobierno Humano (Génesis 8:20). **4**-Promesa (Génesis 12-15). **5**-Ley (Éxodo 19: 8). **6**- Gracia (Juan 1:17). **7**- Reino (Efesios 1:20).

Se nos ha dicho que el tiempo en que vivimos pertenece a la dispensación llamada Gracia, que esta comenzó a partir de la muerte de Jesús, y que todo lo perteneciente al Reino de Dios manifestado aún está por venir.

Sin embargo, el escritor a los hebreos es claro en dejarnos conocer que la fe y la buena Palabra de Dios nos permite *gustar anticipadamente* de todas aquellas cosas que todavía pertenecen al futuro. El secreto está en posicionarnos debidamente en la Palabra Creativa de Fe. Entonces, aquello que esperábamos, se vuelve en un presente continuo de cumplimiento. También llamado en términos bíblicos, el Siglo Venidero, el Fin de los Tiempos, el Año agradable al Señor, ¡el Día Que No Terminó o Día de su Eterna Bendición!

De manera que, ya desde aquel tiempo, muchos creyentes habían sido trasladados *en el espíritu de su mente* a través de la luz y el poder que proviene de la palabra de fe y la renovación espiritual.

Ellos habían sido partícipes del don celestial y de los poderes que pertenecían a un siglo que aún estaba por venir. El Siglo de la Herencia y la Consumación de la Promesa (Efesios 4:23; Hebreos 6: 4, 5; 9:26; 1 Corintios 10:11; Colosenses 1:13).

> Hebreos 6. ⁴... los que una vez fueron iluminados y gustaron del don celestial, y fueron hechos partícipes del Espíritu Santo, ⁵y asimismo gustaron de la buena palabra de Dios *y los poderes del siglo venidero.*

Según la Escritura Sagrada, ya desde tiempos antiguos, muchos creyentes habían encontrado la puerta o camino que nos saca del

El Reposo de Dios

siglo malo y nos lleva a alcanzar el Misterio de la Consumación, Fin de los Siglos, o Siglo Venidero.

> Gálatas 1.⁴el cual se dio a sí mismo por nuestros pecados para librarnos del presente siglo malo.

El Eterno, no solamente es capaz de renovar nuestro entendimiento, sino que también puede transportar el espíritu de nuestra mente, desde lo transitorio y temporal hasta El Día Que No Terminó. En este Día, Bendito y Perfecto, la eternidad habrá llegado a nosotros, y las limitaciones del tiempo, tal como lo conocemos, ¡habrán dejado de existir para siempre! (2 Timoteo 1:10).

Únicamente aquel que está dispuesto a ser traspuesto en el espíritu de su mente será capaz de escapar del dolor y las angustias de aquello que es pasajero y temporal. Quien así lo haya hecho, sin duda habrá comprobado la buena y agradable voluntad de Dios, ¡a través del Evangelio del Principio y del Fin de los Siglos y la Palabra de su Consumación! (Romanos 12:2; Efesios 4:23,24; Apocalipsis 14:6).

✓ *Un sacrificio consumado en la eternidad*

Un ejemplo de cómo funciona la eternidad divina, nos la da el escritor a los hebreos, cuándo explica qué el sacrificio de Cristo se llevó a cabo desde el continuo presente de Dios o su Eterno Hoy.

Según lo explica en su razonamiento, si su valor no fuera eterno, tendría que haberse repetido muchas veces desde el principio del mundo. Sin embargo, por no ser este un sacrificio limitado por el tiempo, su validez tuvo efecto ayer; lo tiene hoy ¡y por siempre!

> Hebreos 9. ²⁶De otra manera le hubiera sido necesario padecer muchas veces desde el principio del *mundo*; **pero ahora**, en la *consumación* de los siglos, se presentó una vez para siempre por el sacrificio de sí mismo, para quitar de en medio el pecado.

1. La palabra *mundo* del griego *kosmos* (κόσμος) significa orden, disposición, arreglo ordenado, y preparación armoniosa, entre otros.

La palabra *mundo* en relación con el *ahora* del Reposo de Dios nos da una idea clara de la preparación armoniosa y el pre-ordenamiento divino que tuvo lugar antes del principio del tiempo.

En Dios, las casualidades no existen; todo lo que vemos, vivimos y experimentamos forma parte de un propósito mayor determinado desde la eternidad. Una vez que comprendemos esto, estaremos preparados para vivir en el continuo *ahora* de Dios, El Día Que No Terminó. El Día Bendito en que el pecado y la debilidad del primer Adán ha llegado a su fin.

2. Desde el eterno *ahora* de Dios, la instrucción divina no solo dicta el fin de una era o periodo en el tiempo, sino que también confirma la preeminencia de lo imperecedero sobre lo temporal.

La palabra *consumación* del griego *suntéleia* (συντέλεια) significa "completar por entero." Y en este caso, marcaba el fin de una dispensación en la que las prácticas del culto Mosaico basado en la imperfección y los sacrificios repetitivos dejarían por siempre de ser (Hebreos 10:1-12; 7:26,27).

3. La palabra Siglos, utilizada en el pasaje anterior, proviene del griego *aión* (αἰών), que significa, una era o periodo. En este caso específico, la frase "Consumación de los Siglos" da a entender el fin de un sistema fundamentado en los sacrificios, la falsedad de la vista de los ojos y lo temporal (Mateo 6:2,5,16; 23:13-29).

Aquella era, o periodo en el tiempo, existía alimentándose del temor, la culpa y la imperfección. Finalmente, esta dispensación de ansiedad había sido sustituida por la seguridad y confianza que proviene de la obra reunificadora ejecutada desde la eternidad del Día Bendito y Perfecto de Dios.

Sin duda que los pies del escritor bíblico estaban sobre esta tierra. Pero su mente estaba posicionada en el presente continuo del "Ahora de Dios" (Hebreos 9:26). El Día, en que, al sellar la historia del hombre, el Eterno nos permite regresar en el tiempo para así conocer el verdadero rostro del cumplimiento (Job 42:5).

En este Día, las imperfecciones de lo temporal han dejado de existir, y las verdades posicionales y eternas no exigen que una obra deba repetirse muchas veces. Los procedimientos aquí determinados están escritos y consumados desde el cielo, por lo que los beneficios no son válidos por un día o un período de tiempo "sino para siempre."

La obra consumada de Cristo no fue una acción sujeta o limitada por el tiempo, sino ejecutada con anterioridad a la creación del hombre. Esta es la razón por la que Juan habla de un cordero inmolado desde el principio del mundo, y el apóstol Pablo escribe acerca de una gracia que se nos dio antes de los tiempos de los siglos (Apocalipsis 13:8; 2 Timoteo 1:9).

Para Jesús -como cordero representante de Dios- la consumación de su obra terrenal había terminado en el madero. Es imposible no resaltar que aún en los momentos más exigentes y cruciales, Jesús tuvo presente el propósito del Padre (Lucas 22:42).

Si bien todas las cosas habían sido predeterminadas desde la Eternidad del Reposo Divino, aun así, cada Palabra recopilada en el Evangelio Eterno del Principio y Fin de los Siglos, debía ser ejecutada a través del tiempo.

Por esta razón, y para que la Escritura se cumpliera, Jesús dijo: Tengo sed. Y para terminar a perfección su obra, Jesús toma el vinagre y declara el reencuentro del hombre con el Séptimo Día, ¡el Día Bendito que no tuvo fin! (Juan 19:28-30).

• El Séptimo ángel y el Misterio del tiempo Revelado

> Apocalipsis 10. ⁶y juró por el que vive por los siglos de los siglos, que creó el cielo y las cosas que están en él, y la tierra y las cosas que están en ella, y el mar y las cosas que están en él, **que el tiempo no sería más,** ⁷sino que, en los días de la voz del séptimo ángel, cuando él comience a tocar la trompeta, **el misterio de Dios se consumará,** como él lo anunció a sus siervos los profetas.

De estos dos pasajes se desprende una muy grande y poderosa verdad. Aquí se nos declara que cuando el *séptimo ángel* comienza a sonar la *séptima trompeta*, el misterio de la profecía divina llegaría a su cumplimiento, y el tiempo al no ser más (junto con sus afanes) finalmente dejaría de ser.

Es solo hasta cuando el misterio del tiempo y el presente continuo de Dios se nos revela, que entenderemos a plenitud el significado de la Consumación de los Siglos, el Fin de los Tiempos, los Poderes del Siglo Venidero, y ¡El Día Que No Terminó!

El misterio del tiempo y su fin no es otra cosa más, que la dispensación que estuvo oculta de los registros de la historia del hombre, pero que *hoy* ha llegado a ser testimonio de nuestra victoria final (Efesios 1:10; 3:9; 1 Corintios 10:11; Hebreos 9:26).

Finalmente, la revelación del misterio escondido desde los siglos en Dios y la consumación de los tiempos ha llegado a su cumplimiento.

Fuera del tiempo de los hombres no hay obras, ni afanes, tampoco hay debilidad o enfermedad; ahí somos fuertes, victoriosos, inmortales, perfectos y eternos (Hebreos 4:10; 10:14; 12:23; 2 Timoteo 1:10).

• Libres de todo mal

- ✓ Job 5.¹⁹En seis tribulaciones te librará, Y en la séptima no te tocará el mal.

En el Siete del cumplimiento de Dios, lo que fue negativo se vuelve positivo. Todo el dolor y la tristeza experimentados dentro de "las seis tragedias" del hombre llegan a su fin. ¡El tiempo de la libertad, la restitución, la protección y la abundancia finalmente ha llegado! (Levíticos 25:21,22; Números 35:6,13,15).

Dios ha permitido el dolor y el sufrimiento, pero junto con la tribulación, también ha prometido su protección. La aflicción del hombre tiene un límite, y la angustia sólo se extenderá hasta el día seis y no más allá.

La puerta que conduce al Bendito Día del equilibrio y la paz está abierta; todo lo que debemos de hacer, es entrar y permanecer bajo la protección y poder de su Eterno Reposo.

• 767, el Camino al Retorno

El misterio en que Dios ha ordenado que de las tinieblas resplandezca la luz (2 Corintios 4:6), no es otra cosa más que el secreto de la luz manifestada a través del tiempo desde la eternidad del ¡Día Que No Terminó!

Este es el Día Bendito en que Dios, nos alcanza desde el pasado y transforma nuestro presente temporal a través de su Divino Resplandor, manifestado en Jesucristo hombre (Romanos 1:3; 1 Timoteo 2:5).

Para el creyente, Cristo, el Vav de Dios, ha sido el anzuelo, el gancho o vínculo de conexión por quién somos unificados desde hoy a la plenitud del Día de su Reposo y Eterna Bendición.

Esta es la grandeza del Eterno, quien, con su poder, cambia "los tiempos del hombre," transformando desde el pasado su futuro, y viceversa. Este es el secreto o código oculto del renacimiento o "Retorno al Camino de Dios," también conocido como *teshuvá* (הבושת).

Una vez nuestra conciencia ha sido alumbrada en el entendimiento de esta verdad, seremos capaces de conocernos según nuestra identidad de origen y su propósito eterno dentro del Sello de la Perfección o Vav creativo de Dios (Romanos 8:29).

El Reposo de Dios

Y no solo esto, sino que también podremos experimentar a través del Día de Reposo la paz que proviene de la reunificación de su obra material y su obra espiritual (1 Corintios 13:12; 2 Corintios 3:18; Colosenses 1:20).

➢ Recordemos que:

En el Día Séptimo **(7)**, Dios declara que su creación es Siete veces buena, la sella mediante bendición eterna y luego Reposa.

Desde el día primero hasta el día Sexto **(6)**, todo lo que se ve es hecho de lo que no se veía, y el hombre comienza un viaje a través de la materia, desde donde es llamado a regresar al estado o dimensión que una vez fuera su hogar (Hebreos 2:14; 11:3; Job 10:11; Eclesiastés 12:7).

En el Eterno Presente Divino **(7)**, el cumplimiento de los tiempos ha tenido lugar. En el lenguaje consumado de Dios y a través de la fe, somos partícipes de una nueva y más gloriosa creación (2 Corintios 5:17; Gálatas 6:15).

Nuestra conciencia y posicionamiento de la imagen y semejanza del Padre manifestada a través del Resplandor de Cristo, o postrer Adán, nos hace regresar a un estado actualizado y más perfecto que nuestra versión anterior (Efesios 1:9-11,22; 4:24; 1 Corintios 12:27).

Antes, éramos perfectos, pero a falta de una conciencia propia, no lo sabíamos. En nuestra inocencia, carecíamos del juicio para discernir los beneficios de la vida y de la eternidad.

No teniendo mente propia, y a causa de nuestra ignorancia e inconciencia de la vida, todos fuimos hechos parte de un ciclo que nos lleva hacia una vida más abundante, e infinitamente mejor.

La memorización del poderoso significado bíblico de 767 nos facilita tener siempre presente que, en estos tres números y su estructura de poder, se nos revela:

7-Eternidad, inocencia, creación original, propósito, el diseño de Dios y su eterno Reposo.

6-Materialización de todas las cosas, conciencia, participación de carne y sangre, humanidad, caída, redención, equilibrio y retorno.

7-Sabiduría, conocimiento del bien y del mal, conciencia renovada, discernimiento, y nuevamente eternidad.

En la Sabiduría Divina, hemos sido hechos partícipes de una Nueva Creación en la que somos vestidos de justicia a través de la revelación del Vav de Dios o postrer Adán, en quién recibimos la herencia y el gobierno contenido en la imagen y semejanza de Dios y el Resplandor de su Reposo.

En resumen *767*, significa trascender desde nuestra humanidad y a través del tiempo hasta el Día ¡Que No Terminó! Es conocer mi identidad de origen y la gloria del propósito eterno del hombre en Dios.

En el significado de esta numeración se explica el proceso que toma lugar en el espíritu de nuestra mente, desde donde, libres de las limitaciones del tiempo y la materia alcanzamos nuestro máximo potencial (Romanos 12:2; Efesios 4:23; Romanos 8:29,30; Gálatas 6:15).

El Reposo de Dios

767 es el cumplimiento del ciclo o regreso a Dios, desde donde las transgresiones, los sufrimientos, y las debilidades dan un giro total. Lo que hoy equivale a fragilidad y pérdida finalmente alcanza su valor opuesto, completando así la vida del hombre ¡como alguien que nunca fue débil ni tampoco pecó! (Isaías 1:18).

Lightning Source UK Ltd.
Milton Keynes UK
UKHW012147051222
413451UK00012B/208/J